古田敦也　上田晋也
Atsuya Furuta　Shinya Ueda

Q上田　A古田
プロ野球で活躍する逸材とは?

ポプラ新書
237

なぜ、高橋由伸は逆方向に飛ばすことができたのか？　50
柳田悠岐のすごいバッティング技術　51
スピード&パワーを兼ね備えた超人・秋山幸二　57
筋肉バッキバキな双璧、新庄剛志と松井稼頭央　62
松井秀喜の打球は、とにかく速すぎた　66
変化球に対する探究心が半端ないダルビッシュ有　70

第2章
打撃　奥深きバッティングの極意　76

打撃開眼のコツとは？　76
一睡もせずに首位打者獲得!?　81
チャンスの場面になると手が出ない　83
抑えられた球種をヒットにするのが一軍の選手　87
ホームランバッターの特性　89
どう抑えればいいかわからない……日本ハムの松本剛　91

落合さんのスイングをヒントにして首位打者に？　93
今までのスイングに戻せないことってある？　98
なぜ、古田は8番バッターで首位打者を獲れたのか？　101
なぜ、キャッチャーの打率はあまり高くないのか？　105
追い込まれたときは、球速に合わせたスイングで対応　109

第3章　投球　半端ないピッチングの世界　114

とにかくすごい！　山本由伸のカットボール　114
丁寧なピッチングだった高津臣吾　115
コントロールのいいピッチャーは上原浩治？　山本昌？　118
必死で捕球した石井一久のスライダー　121
スライダーのスペシャリスト伊藤智仁　123
なぜ、クイックや守備すらできない助っ人を獲得するのか？　128
なぜ、石川雅規は小柄で180勝以上も挙げられるのか？　130

ストレートの速さならクルーン？　伸びなら藤川？　132
速くてよく曲がる山本由伸のカーブ　133
シュートを投げ出してから調子がよくなった黒田博樹　135
斎藤雅樹の打てない〝真っスラ〟　139
なぜ、ひねり系の球種を覚えると、以前のストレートに戻せないのか？　141
プロはストライクゾーンが狭い　144
フォークボールを投げるコツ　147
なぜ、今のピッチャーは膝がマウンドに付かないのか？　148

第4章　捕手　知られざるキャッチャーの真髄　152

なぜ、キャッチャーは、打たれた球種を覚えておくのか？　152
世の中に中距離ヒッターは存在しない　157
キャッチャーで一番大事なのは盗塁を刺せる能力　162
キャッチャーは叱咤激励型と応援隊型の2タイプ　164

自己流のキャッチングを貫いた現役時代 165
なぜ、ピッチャーのレベルでキャッチャーのリードは変わるのか？ 169
プロ野球で残るピッチャーは「ぶち破る系」 172
落合さんに学んだ、審判との駆け引き 174
プロ野球は、キャッチャーのささやき戦術が存在した⁉ 180
最初の2、3歩が速くて刺しにくかった阪神の赤星選手 182
もし、キャッチャー古田がバッター大谷翔平と対戦したら？ 183
もし、キャッチャー古田がバッター村上宗隆と対戦したら？ 184
キャッチャーは言い訳してはいけない 186

第5章 監督 悩み多き指揮官の実像 192

野村監督の教育は〝イエスマンになれ〟⁉ 192
一番ボールを当てられていた古田敦也 196
プロ野球の監督の仕事は、選手にケガをさせないこと 199

野村監督の名言「全治どれくらいや？」 204
監督は選手のクビを切るのがつらい…… 208
古田さん、監督やってください 209
指示待ち族はダメではない 212

第6章 未来 プロ野球はどう変わるのか 216

大谷翔平はプロ野球の新人類 216
能力が高い子どもは二刀流になる可能性がある 222
佐々木朗希は170キロを投げることができるのか？ 224
課題を克服した選手がプロの世界で生き残れる 229
今の若手選手は監督やコーチのアドバイスをスルーする 234
山本由伸の投球フォームは、新時代のフォーム!? 240
10年ケガなく活躍するピッチャーはいない 244
もし、侍ジャパンの監督を古田がしていたら 247

なぜ、逸材がプロで活躍できないのか？　254
メジャーリーグと日本のプロ野球の一番の差は何か？　257
なぜ、球団削減&1リーグ制を阻止できたのか？　260
なぜ、選手会はストライキを行ったのか？　264
ベストな球団数はいくつか？　267
勝率5割以下のチームはCSに出場する資格はない？　269
スポーツはローカルコンテンツでいい　272
野球人口を増やすためには、どうすればいいか？　277
日本のプロ野球の未来は明るい　280

はじめに

　お笑いの突っ込みとは、野球でいうところのキャッチャーである、と20代の頃から思っていた。野球でいえば主役はやはりピッチャーであるし、お笑いでいえばボケだ。

　キャッチャーはピッチャーにいかに気分よく投げてもらうか、という点に腐心し、いい音でキャッチングしようと技術を磨く。お笑いの突っ込みも、気分よくボケてもらえるようにキレのいい突っ込みで受け止めよう、と心を砕く。ボール球をキャッチングによってストライクに見せたときのキャッチャーはシメシメという気分だろうし、ハズしたボケでも突っ込みによってウケたときは、してやったりの気分になったりもする。

あえてネガティブなことも言えば、ノーヒットノーランや完封などで相手を抑えたときは、褒められるのはピッチャーだし、どっかんどっかんウケたときに評価されるのもボケの人だ。逆に滅多打ちにあったときにベンチから「どんなリードをしてるんだ‼」と怒られるのはキャッチャーだし、お笑いでハズしまくったときに「処理次第でなんとかなっただろう‼」と肩身の狭い思いをするのは突っ込みだったりもする。

そういう意味でキャッチャーの悲哀もなんとなくだが、わかる気がしていた。だからキャッチャーの人にいろいろと話を聞きたい、と長年思っていた。

そこで誰がいいかと考えたときに、私がリアルタイムで観てきたキャッチャーで、一番すごいと思う古田さんに話を聞く、という企画書を出した。古田さんならキャッチャーのことだけでなく、キャッチャー目線でのピッチャーのことも、首位打者にも輝き、名球会入りしていらっしゃるので、バッティングのことも、そして監督目線での野球もすべて網羅されているだろう、と思ったから。

いざ蓋を開けてみたら、案の定、Ａｍａｚｏｎばりの品揃え。そして品揃えだけじゃなく、マリアナ海溝ばりの深さ。非常に興味深い本ができた、と思う。古田さんに聞いてよかった、とつくづく思う。そして古田さんに聞きたいことは、まだまだヒマラヤほどある。

２０２３年２月吉日

くりぃむしちゅー　上田晋也

第1章　超人　プロ野球のケタ外れな選手たち

なぜ、ヤクルト・村神様は異次元のバッターなのか？

上田　古田さんがヤクルト（東京ヤクルトスワローズ）の村上（宗隆《むねたか》）選手の2年目のキャンプを見に行かれて、「村上は守備さえ目をつぶれば30本打つね」みたいなことを、番組でご一緒したときの空き時間におっしゃっていたじゃないですか。確かにその年、36本のホームランを打ったんですけど、あのときの打率は、そんなによくなかったじゃないですか。それでよく昨年（2022年）三冠獲りましたよね。村上選手の何が大きく変わったんですか？

古田　昨年の村上君は、まさに神がかっていましたね。特に7月や8月の成績はものすごいとしか言いようがありません。しかも、彼のいいところは、みんながここで打ってほしいと思ったときに打ったことです。価値あるホームランを打ったことが、本人の自信になっています。

あと、何回も対戦したことで、ピッチャーの攻め方や自分のウィークポイントもわかってくるので、相手の配球に対して先回りできていました。その結果、フォアボールをたくさん取れるようになったのも大きいです。

彼の打球の飛距離がすごいのはもちろんのこと、昨年はできすぎなくらいの成績でした。今年は、相手も必死に抑えようとしてくるので、大きく成績は伸びないかもしれません。

上田　でも、ホームランはそれなりには打ちますよね？

古田　打つでしょうね。昨年のホームランが56本なので、野球ファンの、彼に対するホームランのハードルは、50本くらいになっているかもしれません。とはいえ、ホームランを50本も打つのは、そうできることではありません。僕の予想では30本から40本くらいだと思いますし、それくらいの数字で見てあげないと、かわいそうな気がします。

上田　それくらいの数字で十分なんですけどね。

古田　打点についても、１００打点でも十分なのに、１３４打点ともなると、多くのファンがさらなる数字を期待してしまいます。

上田　昨年の村上選手は、プロ入りして何年か経って慣れてきて、読みもよくなってきたってことなんですか。

古田　完全にそうですね。昨年の日本シリーズの第1戦、8回裏にオリックス（オリックス・バファローズ）の平野（佳寿《よしひさ》）投手からホームランを打ちましたが、あのときはフルカウントからのフォークボールを狙いました。おそらく相手がフルカウントでまともに勝負しにこないだろうと読んだのでしょう。しかも、平野投手はフォークボールを得意にしているにもかかわらず、その球を狙い打ちするというのが、彼の次元が違うところでしょう。昔の村上君であればストレート狙いで空振りか、セカンドゴロです。

昨年のボールは、少し飛ばないボールを使っていたので、多くの選手がホームランやヒットが出にくいと言っていたのに、なぜか村上君と西武（埼玉西武ライオンズ）の山川（穂高《ほたか》）君だけがホームランを量産しました。

上田　それって、村上選手と山川選手は飛ばないボールでも関係ないってことですか。

古田　もちろん、彼らも以前より飛ばなくなっていると思っていると思いますが、ピッチャーが勝負するかどうかの違いが影響しています。

上田　どういうことですか？

古田　もし、飛ぶボールであれば、ピッチャーはできるだけホームランバッターとの勝負は避けようとしますよね。

上田　なるほど。

古田　バットにちょっとこすっただけでスタンドに入ってしまう状況で投げるのと、ボールが飛びにくいから大丈夫だろうと思いながら投げるのでは、かなり違いが出てきます。以前、マー君（田中将大《まさひろ》）やダルビッシュ（有）が防御率1点台を出したときも、飛ばないボールが使われていました。

あのとき（2011年）は、おかわり君（中村剛也《たけや》）だけがホームランを48本も打っていて、なんで彼だけ関係ないんだって言われていました。でも全体でいうと、打率は下がり、防御率が上がっています。

上田　あの年、落合（博満）さんが、「いやいやちゃんとした打ち方をしていれば関係ないんだよ」みたいなことをおっしゃっていましたけど。

古田　いや、実際に打てば、明らかに違います。以前、日米野球が行われていたときは、アメリカのボールを使っていましたが、それも全然飛びませんでした。試合前のフリーバッティングで、〝よっしゃ、これいったやろ〟という当たりでも、やっとフェンスを越えるくらいでした。

当時の通常の試合では、飛ぶボールが使われていたので、たとえば巨人（読売巨人軍）の松井（秀喜）君はフリーバッティングで東京ドームの看板に当てたりしていましたが、アメリカのボールだとやっとスタンドに入るくらいでした。それで、日本もアメリカの飛ばないボールに近づけようとかいって、試しに使ってみたら、全然点が入らなくなったので、すぐやめて……。

上田　そうですよねー。あの年はいまいち面白くなかったですもんね。

古田　メジャーリーガーのフリーバッティングを見たらわかると思いますが、今までに見たことがないようなところまで飛ばします。きっと誰もが、〝これは勝ち目がないよね〟と思うはずです。前回、ロサンゼルスで開催された２０１７年のＷＢＣ（ワールド・ベースボール・クラシック）で、当時マーリンズに在籍していた（ジャンカルロ）スタントンが出場していて、比較的三振もしますが、当たると、ドジャー・スタジアムのバックスクリーンの上のほうまで飛んでいました。

上田　西武にいた（アレックス）カブレラとか、近鉄（大阪近鉄バファローズ）の（ラルフ）ブライアントとか、バンバン飛ばしていましたけど、彼らよりも飛ばす感じですか？

古田　彼らも練習では、日本のボールだったのでめちゃくちゃ飛んでいました。カブレラはベネズエラ出身で、ヤクルトにいた（ロベルト）ペタジーニや、（アレックス）ラミレスもベネズエラ出身です。彼らはメジャーでは通用しないから日本でプレーしたと思いますが、もし、彼らがベネズエラ代表でＷＢＣに出てきたら、おそらく日本は勝てないでしょう。日本チームの全員が大谷（翔平）君だったら違いますが。

上田　そういうわけにはいかないですね（笑）。

終盤の村上選手の打率が下がってしまった理由

上田　村上選手、ペナントレースの最後の2週間ぐらいあんまり打てなくて、フォアボールも多くなっていました。2021年の大谷選手もそうでしたが、ボール球に手を出して少しバッティングを崩したんですかね。

古田　フォアボールというか、打ちたい気持ちが強いであろうと思い、相手投手はボール気味に投げてくる。開幕してからの1カ月で調子の上がらないケースとよく似ています。

上田　そうやってキャッチャーが、相手バッターの調子を崩させることもあるんですか。わざとフォアボールで歩かせてじらしてじらして、ちょっと崩していくみたいな。

古田　そうですね。要するに、打たなくてはいけない状況かどうかが大きいです。たとえば、4月に開幕してからの1カ月に、ヒットを打っているかどうかが、じつはものすごく大きいのです。
上田　それはなんでですか？
古田　たとえば、開幕して10試合終わったときに、前の年の打率が3割の選手でも、スロースターターのせいで1割くらいの選手はいます。ちなみに僕は、新聞でいつも打っていない選手をチェックしていました。

当然の話ですが、打率は打たないと上がりません。だからずっと打てていない選手は、打率の低い成績を球場にある電光掲示板に表示されているので、ずっと大観衆に見られています。しかも、凡退が続けば代打を出されることもあります。つまり、打率が低い選手は、〝打たなきゃいけない〟という心理状態になるわけです。
上田　なるほど。フォアボールを選んでも打率は上がらないから、打つしかないですね。
古田　そんな心理状態の選手に対して、ストライクゾーンに投げたら打たれてしまいます。だから、その場合はボールゾーンで勝負します。そうしたら勝手に手を出して、打者はどんどん深みにはまっていきます。

逆に、最初の20試合くらいまで絶好調で、打率が4割近い選手は、なるべく打率を下げたくないという心理状態になります。だからフォアボールを取りたがります。極端なことを言えば、それから1年ずっとフォアボールを取れれば首位打者になれますし、レギュラーでずっと出場できますから。そうなると、きわどい球には絶対手を出さないし、甘い球でも見逃すようになります。

つまり、打ちたいか、見逃したいかで打ち方はかなり違ってくるわけです。去年の終盤の村上君の場合は、多くのファンからホームランを期待されているから、打たなくてはいけないし、振らなきゃいけない心理状態になっていたと思います。

上田　フォアボールを選んでも誰も喜んでくれませんしね。

古田　ホームランが出なかった前の打率は3割4分近くありましたが、村上君自身もけっこう嬉しかったはずです。だからホームランを意識しなければ、フォアボールをたくさん取っていればいいわけです。胸張って一塁に行き、〝あとは（ホセ）オスナよろしくね〟でいいのです。ところが、ホームランを打たないといけないムードにさせられてしまったから、打ち気になって、強引に振って凡打を重ねてしまい、打率も下がってしまいました。やはり、メンタルというのはシチュエーションによっていろいろ変わっていきますね。

上田　やっぱり〝入り〟って大事ですね。試合の初回もそうですしね。手前味噌ですけど、バラエティもそうなんですよ。僕、気をつけるのはオープニングだけなんですよ。

古田　ハハハハッ。

上田　オープニングがなんとなくうまくいけば、そのまま転がっていくんです。逆に、自分もそうですけど、オープニングでふった出演者が最初の返しでスベると、そいつはどんどん空回りしていきます。

古田　なんとか取り返そうとして深みにはまっていきますね。

上田　オープニングさえうまくいっていれば、ある程度はいけるっていうのはあるんですよね。

古田　ゴルフでも、最初の3ホールが調子よければ集中できます。最初からダボ（ダブルボギー）が続くと、〝もう今日はダメだー〟と思ってしまいます。

上田　そうですね。古田さんが現役時代は、4月、5月あたりはうまくスタートを切ろうっていうんで、ほかの時期よりも集中度が違っていたんですか。

古田　もちろん一生懸命やっていましたが、結果は年によって違いましたね。

上田　毎年調子がよかったわけじゃない？

古田　はい。一応開幕に合わせて調整しますが、うまくいくシーズンばかりではなかったです。ただ僕の場合はレギュラーを取れて、すぐ交代させられるわけではなかったので、暗示をかけて乗り切っていました。

プロ野球選手というのは、3割打てばいいバッターで、2割5分ならいまいちのバッターと言われてしまいますが、その差を考えると、たかだか3分の1か4分の1です。だから、ある試合で3打数ノーヒットだとしても、〝4打席目には絶対ヒットが出る〟と思えるかどうかが大事です。僕はそう思えたほうで、〝だいたい3割打つんだから、4回も5回もミスショットしないよね〟〝そろそろヒット出るよね〟といった気持ちでバッターボックスに入っていました。

昨年（2022年）の日本シリーズで、ヤクルトの山田（哲人《てつと》）君がなかなかヒットが出なくて三振ばかりしていましたが、僕は〝これだけ三振しているんだから、そろそろ打つよね〟と思っていました。髙津（臣吾）監督もそろそろ打ちますって言っていたそうですし、実際にホームランを打ちました。

上田　それだけ自信があるってことなんでしょうね。

古田　はい。みなさんそれなりに実績もありますから。だからといって悠長にやっているわけではなく、10割打とうと一生懸命努力して、やっと3割なので、集中力なくやったら打率はすごく下がってしまうでしょう。メンタル面でいえば、そんなに焦ることなく、気楽にポジティブに臨んだほうがいいです。

なぜ、ビッグボスは、プロでは通用しない奇策を実行したのか？

上田　2022年開幕前に話題になった新庄（剛志）ビッグボスですが、ビッグボスの野球を古田さんはどうご覧になりましたか？

古田　２０２２年シーズンに、新庄君にインタビューする機会があり、「今年の1年は、勝敗関係なく、現状のチーム力を知るために、70人近くいるすべての選手を一軍で起用して、戦力を見極めて来年に向けて準備します」と言っていました。

上田　優勝を目指しませんって、異例のことですよね。それ、はっきり言っちゃっていいの？　みたいな。

古田　日本ハム（北海道日本ハムファイターズ）は一昨年（２０２１年）の成績が5位で、昨年（２０２２年）は最下位になってしまいましたが、戦力的にそれほど強いチームではないので、優勝を目指せるかどうかは置いといて、彼独自の本音といえば本音だったかもしれません。

結果的には、二軍レベルの選手などを試合でたくさん使ったので、選手のモチベーションアップと戦力の底上げは達成できました。でも、現実的なことを言うと、実際の勝負では、全選手70人のうちの上位30人がとても大事になってきます。たとえば、ピッチャーは1球団に35人くらいいますが、一軍に12〜13

人いたとしても、プラス5人くらいで戦うのが一般的です。だから、ビッグボスが全選手を見極めたいと話していたことを実践したのは、正直驚きがありました。全員を試すといっても、夏くらいには試合に出る選手が固定されていくと思っていましたが、実際には終盤までいろいろな選手を起用していたので、逆に今年はどうするのか気になります。

上田　古田さんが監督をされていたときは、「正直、この戦力で優勝はしんどいよ」と思っていても、「いや、優勝目指しますよ」って一応おっしゃっていましたよね。

古田　しんどいかどうかはわかりませんが、圧倒的に優勝することは無理にしても、試合の後半に運よく勝つ可能性はあるので、3、4位ぐらいにいても、シーズン終盤に5連勝とかすると、上位チームとの差が縮まることもあります。どんな監督であれ、優勝できるチャンスはあると思ってやっています。

上田　新庄ビッグボスは、オープン戦で選手が監督をするとか、突飛なことをいろいろやっていましたけど、オーソドックスな野球だったんですかね。

古田　ビッグボスは、ときに変わったことをやっていました。そういう意味でいうと、ＰＲ効果は非常に高かったと思います。たとえば、２ストライクに追い込まれてからのスクイズなどは、プロでは滅多にありません。失敗することもいっぱいありますが、成功したときだけ、〝新庄采配ズバリ！〟といった見出しで記事になって注目されます。すると、選手も張り切りますから、そういう意味でいうと、効果は多少あるのではないかと思います。

僕も含めて、ほかの監督経験者は、どうしても長年の経験の蓄積があるので、たとえば、三塁ランナーがホームを陥れる作戦では打たせたほうが点を取れるなど、確率の高い方法を考えます。一方、新庄君は、「フォースボーク」という、ランナーが一塁と三塁にいるときに、一塁ランナーがわざと塁から離れて投手が牽制球を投げようとしたタイミングで三塁ランナーが走塁するフリをすることで、ボークを誘う戦術などもやっていました。

上田　「２ランスクイズ」（スクイズで二、三塁の走者が本塁に生還する戦術）もやっていましたね。

古田　それもなかなかプロでは見ない戦術です。

上田　キャンプ中に、ビッグボスが車の上に立って、外野からの返球練習を指導したりといったことがニュースで流れるようになると、他チームの監督は〝ビッグボスは何かやってくるんじゃないか〟って疑心暗鬼になったりするんですか？

古田　あるかもしれません。でも、ケアしていれば、絶対されない作戦もあります。2ランスクイズなどは、高校野球では決まることもありますが、プロではなかなか通用しません。1アウトでランナーが二塁と三塁にいて、スクイズが決まったとき、二塁ランナーが本塁に行かずに三塁で止まっていれば、2アウト三塁になってまだチャンスは残るので、よほどのイケイケムードじゃないと2ランスクイズはやりません。たとえば、スクイズのゴロをサードが捕って一塁に山なりの送球をしたら、二塁ランナーも本塁に生還することはあります。でも、プロの送球は、矢のようなスピードなので、〝あっ！〟と思ってから本塁に投げても間に合います。それに、スクイズのゴロを捕った野手に偽投されたら本塁で完全にアウトになります。ただ、新庄ビッグボスがチームに〝イケイケのムード〟を作り出したことは大きいはずです。

奇策と言われた新庄ビッグボスの作戦は、じつは今まで誰かがやってきたものです。たとえばフォースボークは、僕が大学生の頃からあったような使い古された作戦です。ただ、新庄君はそれを覚えていて、〝フォースボークやったらおもろいだろうな〟と思ってやったのでしょう。だから、ほかの監督が〝まさかあんな作戦やらないよね〟と思う作戦をやったから、裏の裏の裏をかいて成功させたわけです。

でも現実的なことを言うと、変わった作戦というのは、あまり練習することができません。

上田　そうなんですか？

古田　はい。キャンプのときに少し練習しても、シーズンが始まってしまうと、数カ月前に練習しただけなので、よほど条件が揃わないかぎり成功しません。でも、新庄ビッグボスの場合は、選手やコーチ陣に〝いつ何どきどんなことが起きるかわからないぞ〟と、常日頃から言っているかもしれません。
上田　年に1回あるかないかのプレーっていうのは、キャンプのときなどに、それなりに時間とってやるんですか。
古田　よほど好きな監督だったら別ですが、あまりやらないです。ただ、バッターがスクイズをするフリして盗塁する「偽装スクイズ」などは練習します。

ビッグボス・日本ハムの優勝もありえる!?

上田　2023年は、ビッグボスという呼び名をやめてSHINJOというユニフォームにして、優勝を目指すと言われてますけど、何がどう変わるんでしょうか。
古田　おそらくメンバーを固定するのではないでしょうか。外国人選手を含めてそれなりに打てそうな選手を獲得して、メンバーをだいたい固定して上を目指す形になると思います。昨年のようにメンバーを日替わりで変えるようなことはしないと思います。ただ、オリックスの中嶋（聡）監督も打順をものすごく変えていましたから、ビッグボスも変えるかもしれません。

上田　昨年のオリックスのスタメンオーダーは、１４１通りもありましたから、ほぼ同じスタメンはなかったですよね。

古田　僕も経験ありますが、年間で１４３試合しかないのに、１４１通りの打順をつくるのは現実的に難しいです。普通、クリーンナップを打つ選手や、１、２番を任せられる選手などは決まっていますから。それにもかかわらず、１４１回も違うオーダーを考えられるということは、ヘッドコーチがそれまでのオーダーをしっかり覚えているのではないでしょうか。たとえば、「よし、今日はこのオーダーでいこう」とヘッドコーチに伝えたら「監督、このオーダーは以前やりましたよ」と言われて、「じゃあやめとくか」って（笑）。

上田　ハハハッ、別に同じでもいいじゃないですかね。

古田　打順は９つしかなく、９番バッターが４番に座るようなことはないので、そんなに変えることはできません。

上田　新庄ビッグボスは、優勝を目指すとおっしゃっていますが、実際、現在の戦力ではなかなか優勝は難しいのかなと思ったりするんですが。

古田　昨年、若い選手をたくさん起用しましたが、若い選手は1年でものすごく成長します。昨年でいえば、清宮（幸太郎）君などは打率が2割くらいだけど、ずっと使い続けたことでホームランを18本打ちました。つまり、ずっと使っていればそれくらい打てることが明らかになったわけです。でも、ほかの監督ならば、そこまで我慢して使い続けることがなかなかできません。

清宮君はまだ若いから、今年は打率が2割5分、ホームラン25本くらいは、期待できます。若いときは、僕もそうでしたが、打席にどんどん立つことでピッチャーのスピードボールや変化球の曲がりなどに慣れてくるものです。一方、たまにしか打席に立てない選手は、そうそう打てません。ですから、昨年試合にたくさん出た清宮君や野村（佑希）君などが打ってくれれば十分チャンスはあります。

ピッチャーは、加藤（貴之《たかゆき》）君や伊藤（大海《ひろみ》）君、上沢《うわさわ》（直之《なおゆき》）君などがいますし、あと外国人投手を含めれば、優勝もなくはないと思います。2021

年のドラフト1位の達《たつ》（孝太）君も調子いいみたいですし、昨年（2022年）のドラフト1位の矢澤（宏太）君もいますから楽しみです。

上田　きっと即戦力になるんでしょうね。

古田　僕の経験上、若い選手が多いチームはガラッと変わります。それに球場も変わって、お客さんもたくさん見に来られると思うので、下がり目ではなく上がり目だと思います。

清宮は打率を上げたほうがいい

上田　僕は、日本ハムの清宮選手にどうしても期待しちゃうんですけどね。あれだけ鳴り物入りで入ってきて、高校のホームラン記録をつくって、同級生の村上選手がこれだけの大活躍をしていると、おそらく心に期するものもかなりあるでしょうしね。清宮選手の課題というと、どの辺ですか。

古田　清宮君は、バットコントロールがうまいタイプで、ちょこんと打ったりするのも得意です。そことホームランとのジレンマが、彼の課題だと思っています。

上田　どういうことですか？

古田　たとえば、ちょこんとセンター前にヒットを打って、コーチに「いや、お前はもっとホームランを狙っていけ」と言われたら、強振して三振が増えて、打率も下がっていきます。三振が続いていくと試合に出られなくなっていくという、負のスパイラルに陥るので、僕が指揮官であれば、清宮君には打率を狙ったほうがいいとアドバイスします。彼のバットコントロールであれば、３割近く打てるはずです。〝ヒットだけを狙って３割を目指すなんて魅力がない〟と言う人もいますが、仮に３割打っていたら絶対に代打を出されることはありません。１年間試合に出続けると５００回前後打席に立つことができますが、彼の力量なら、間違いなくホームランを20本は打てるでしょう。

上田　確かに清宮選手は、高校のホームラン記録を持っているだけに、お客さんからの期待もあるでしょうし、本人も〝打たなきゃ〟っていう思いもあるでしょうし。

古田　でも、たとえばアウトコースの球をヒットにしていけば、ピッチャーはそのうちインコースを投げてくるようになるので、配球を読むことでホームランにできます。ですから、代打を出されることなく、打席に立ち続けることが大事なのです。では、4打席もらえる実績は何かというと、3割打つことです。だから清宮君の場合は、ヒットならいつでも打てますよ、ホームランも打てますよというムードをつくっていけば、だんだん彼の存在感が大きくなっていくはずです。これは、小さくまとまれという話ではありません。

上田　とりあえず確実性を上げたほうがホームランも増えるということですね。

まったく読めないバッターはただ一人・新庄剛志

上田　落合さんがロッテオリオンズ時代に、まだ三冠を獲る前だと思うんですが、首位打者を獲ったあたりで、オールスターゲームに出場したとき、一緒になった江夏（豊）さんから、「お前を抑えるのは簡単だよ」と言われたので、「なんでですか」と聞いたら「お前は俺が投げたボールを見てからどうするかを考えているから、お前の考えは手に取るようにわかる。だから簡単に打ち取れるんだ」みたいなことを言われたそうなのです。

落合さんは、なるほどそういうものかと思って、シーズンに戻って江夏さんと対戦したとき、ずっとカーブを狙っていたそうなんです。ところが、カーブは一球もこないで、見逃し三振でスタスタとベンチに帰る落合さんの姿を見た江夏さんは、〝こいつにすげえヒントを与えてしまった〟って思ったそうです。で、それから、落合さんにはばかばか打たれ始めたらしいんですよね。

これをきっかけに落合さんは、それまで苦手だった江夏さんを克服したっていうんですが、キャッチャーからみると、〝この選手、これ狙ってんなあ〟とかってある程度わかるものですか。

古田　正直にいうと、ボールがベースを通過しないとわかりません。たとえば、1球見逃したときに、今は完全に反応が遅れたから、狙い球は変化球だというのはわかります。ただ、角度によって見えない範囲もありますが。

何を待っているかがわかるのは、1球目を見逃してくれればの話ですが、そのあとの2球目も同じ待ち方をしているか、違う球を待っているかどうかはわかりません。そこで活用するのが、見逃したとき、自分の狙っている球種がばれていないと思うから、同じ球種を待つ打者は多い……といったセオリーです。

たとえば、バッターが何かの根拠があって初球をストレート狙いにしたとします。そこで変化球が来たので見逃したら、2球目は変化球狙いだろうという根拠はありません。というのも、根拠があってストレートを狙っていたのに変化球だったら、通常のバッターならまたストレートを狙います。だから見逃した場合、タイミングが合っていないから2球目も変化球で真ん中を狙うサインを出すのが普通です。ただ、それを打たれたりすると、なぜ2球目に狙い球を変えたの？　こっちの考えてたことがばれた？　などと考えなくてはいけなくなります。逆にいうと、そういうタイプを〝根拠なく狙い球を変える打者〟というカテゴリーに入れる必要があります。ただ、それは少数なので、ピックアップしておいたり、ピッチャーに、「このバッターは狙い球を変えるタイプだよ」と伝えたりしておきます。

上田　そういう意味でいうと、何を考えてんのかよくわからなかったバッターは？

古田　それはただ一人、新庄君です。

上田　アッハハハ、やっぱりそうなんですね。

古田　新庄君と対戦したとき、初球のスライダーを空振りして、2球目もスライダーで空振りしたんです。2回同じ球で空振りをしたら、プロ野球選手ですから3回も同じボールで空振りしてベンチに帰ったら、バカにされてしまいます。逆にいうと、打者は同じボールで3回空振りしてはいけないと思っているわけです。そこで、3球目は外角にボール球を投げて、次はいかにもスライダーを投げるムードにさせました。

それの裏をかいてストレートで勝負したところ、1、2、3ってヤマをかけたみたいに、大きいホームランを神宮球場で打たれました。僕はそのときに、〝うわ、読み負けた……〟。裏をかいたリードを完全に読まれた。新庄、侮れないな〟って思ったのです。

その後、オールスターゲームで新庄君と会ったとき、「新庄、あのときのホームランすごかったよね。俺はああやってこうやってストレートのサインを出したら、ものの見事にホームラン打ったよね」と言ったら、「なんのことですか？　え、僕打ちましたっけ」と言われました。

上田　ワッハハハハッ！

古田　「神宮で、空振りして追い込まれてから、すげえホームラン打ったじゃん」と言ったら、「いやーそうでしたかー、古田さん、僕ね、野球やってて、考えたことって一度もないんです」って。

上田　ブハハハッ!!　さすがだなー、ビッグボス。

古田　じつはそのあと、また大事な場面で、新庄君に打席が回ってきたことがありました。〝こいつ何考えてるかわからない、多分こうかな〜、裏かいてるつもりが表かもしれない〟などと考えていくうちに、サインを出す指が動かなくなってしまいました。

オールスターゲームで新庄君と話したことで、完全におかしくなってどれが正解なのかわからなくなりました。ただ、結果的には、多分３割は打たれてないと思いますが、こいつだけはわからない、怖い怖いと思いながら対戦していました。

上田　やっぱそうなんですねー。新庄さん以外なら、外国人選手は読みにくいのかなって勝手に思うんですけど。

古田　逆に外国人のほうがわかりやすいです。激昂するような感情豊かなタイプのほうが悔しがるので、嫌がる打ち取り方を見つけやすいです。

上田　ちなみに新庄さんは来たボールを打つ感じなんですか。

古田　本人は「見えたから打っただけなんですよ」と言いますが、僕からしたら〝そんなことはないだろう〟と思います。それが嘘だったのかもしれませんが、それからは本当に嫌でした。たいしたことのないときに簡単に三振したり、ほんとに新庄君は謎多き人です。

新庄から届いた予想外のプレゼント

上田　新庄さんは、バッターボックスで積極的に話しかけてきたりしたんですか。「古田さん、こんにちは〜」とか。

古田　阪神（タイガース）時代は全然なかったです。じつは、阪神時代の新庄君は今みたいな感じではなく、どちらかというと、マスコミ嫌いでした。新庄フィーバーで、マスコミがくっついてくるから、逃げなきゃいけなかった事情もあったのかもしれませんが。以前、大阪のミナミで会ったことがあるのですが、そのときの新庄君は走っていました。

上田　マスコミから逃げるために？

古田　「あ、新庄！　新庄！」って追いかけられていました。移動のときも走らないといけないなんて大変だなと思いました（笑）。

上田　そんなに明るく話しかけてくるっていう感じでもなかったんですね。

古田　出だしの新庄・亀山（努）フィーバーのときは違いますが、大スターになってからは、それほどしゃべる感じではなかったです。

　でも、ニューヨーク・メッツから日本ハムに移籍してからは、よく話すようになりました。僕は交流戦ぐらいしか会いませんでしたが、神宮球場で会ったとき、「帰ってきました」って言いながら握手を求めてきました。バッターと（相手）キャッチャーが握手するのはなかなかないですよ。

上田　ハハハッ。プライベートではお会いになって話すことはないんですか？

古田　その頃の新庄君はすごくいい香りの香水をつけていました。しかもユニフォームの上からバーッとかけて、試合中もつけていました。ある日、「お、新庄、相変わらずいい香水つけているな～」と声をかけたところ、次の日、僕の監督室に、新庄君からの香水が届いていました。

上田　プハハハッ。

古田　別にそういうつもりじゃないのに、「なんかありがとう」と言いました（笑）。その後、キャンプのときに再会したので、選手兼任監督のTシャツをプレゼントしたら、それを着て、「かっこいいわこれ」と言いながら練習していました。昨年は、取材などで会いましたが、普段の付き合いはありません。

オールスターでの新庄のホームスチール

上田　新庄さんが、2004年のオールスターゲームでホームスチールしてMVPを獲ったことがありましたが、あのときも古田さんはいましたよね。

古田　はい。僕は三塁ベンチにいて、隣に山本（昌）君が座っていて、三塁にいた新庄君が、律儀なことに三塁ベンチにいる僕らに向かって、「行っていいですか？」と聞いてきました。

そのときの監督は岡田（彰布《あきのぶ》）さんで、コーチが落合さんと堀内（恒夫《つねお》）さんでしたが、あまり楽しそうな感じではなく、新庄君が一生懸命言っているのに誰も気づかないんです。球場は、長野オリンピックスタジアムでしたが、ベンチの端っこにいる僕や山本（昌）君とか、試合に出てない選手たちで、監督たちが見ていないから、「行け行け！」と言ったんです。結果セーフになって、ものすごく盛り上がったのですが、阪神（阪神タイガース）の矢野（燿大《あきひろ》）君が「あれ、絶対アウトですよ！」と怒っていました。真面目か、矢野って（笑）。たしか、あのときのバッテリーは福原（忍）君と矢野君でした。

上田　この話、本当かどうかわからないのですが、１９９９年に甲子園で巨人の槇原（寛己《ひろみ》）さんが敬遠しようと投げたボール球を新庄さんが打って、サヨナラ勝ちしたことがあるじゃないですか。そのとき、巨人ベンチから「新庄の足がバッターボックスから出てるじゃないか」って声が出たのを、巨人の監督だったミスター（長嶋茂雄）が、「いや、これで盛り上がったからいいじゃないか」って感じでその声を抑えたって話を聞いたんですけどね。さすが、ミスターだなと。

新庄さんが阪神時代に出場したオールスターゲームで、「俺ちょっと盛り上げてきますわ」みたいな感じでベンチを盛り上げるようなことはなかったんでしょうか？

古田　あまり記憶はないです。若かったというのも理由かもしれませんが、あまり前に出てくる感じではなかったと思います。

高橋由伸と福留孝介は本当にいいバッター

上田　20年ぐらい前に、古田さんがウッチャンナンチャンの南原（清隆）さんの『ナンだ!?』っていうテレビ番組のゲストで出演されていて、僕、その番組が好きだったんで、見学に行ったんですよ。番組収録後、南原さんが「俺、今から古田さんと食事に行くけどお前も行く？」って言ってくれて、六本木にある中華料理店にご一緒させてもらったんですよ。

古田　え、全然覚えてない！　すいません！

上田　いえいえ、それで古田さんにサインボールをいただきました。そのときに、野球に関することをいろいろ古田さんに質問したんです。そのとき古田さんはバリバリの現役選手です。で、「今、ピンチの場面で一番相手にしたくないバッターは誰ですか」って聞いたら、「高橋由伸か福留孝介かな」っておっしゃったんですよ。

そのあと、「松井（秀喜）選手はどうですか」って聞いたら、確かそのときは巨人時代だったと思うんですけど、「松井はね、確かにここに投げたら絶対に持っていかれるっていうのはあるんだけど、ある程度穴があるから、ここに投げておけば大丈夫っていうのはある。だけど、福留と高橋は、どれでも打つし、ホームランもあるし、その2人かな」みたいなことをおっしゃっていたんですよ。

古田　福留君も高橋君も逆方向に打つのが得意ですが、松井君は、引っ張りだけなんです。だからアウトコースのボールでも、甘ければセンターから右中間へ打つので、滅多に流し打ちはしません。逆に、引っ張りきれないボールは見逃すことも多いです。

ボールが甘いところにいけば、どのバッターでも危険ですが、高橋君は、コントロールミスを見逃してくれませんし、福留君は逆に、いいところに投げてもそれを逆方向に打つので、もうお手上げ状態です。

高橋君や福留君には、ものの見事に打たれていたので、本当にいいバッターでした。ホームランも打ちながら、大事な場面で逆方向に打つことができるのは、キャッチャーからすると厄介なバッターです。

なぜ、高橋由伸は逆方向に飛ばすことができたのか？

上田　先日、高橋由伸さんと話したんですが、高橋さんがプロに入った当時は逆方向にはボールが飛ばなかったそうです。やはり、左手で押し込まないとダメだなっていうんで、何年目からか、左手で押し込むバッティングをし始めてから、逆方向に飛び始めたらしいです。そのおかげで、ポイントをだいぶ近づけて打てるようになったと。

松井さんは右手が強いから、ギリギリまで打たずに近づけてガーンと持っていくタイプかと思うんですが、どっちの手で打つかというのは、ボールを引きつけられるかどうかに影響するんですか。

古田　どちらの手で打つかはいろいろ言われていますが、左バッターの多くは右投げが多いのです。だから右手のほうが強いので、右手でリードする人が多いです。たとえば松井君がそのタイプです。高橋君は、その逆で珍しいタイプと言えます。ちなみに、右バッターは右投げ（右利き）が多いので、押し込みながら打つバッターが多いです。

たとえば、ソフトバンク（福岡ソフトバンクホークス）の城島（健司）君や小久保（裕紀）君や僕もそうですが、ほぼほぼ右利きで、利き手を使いたがります。柳田（悠岐《ゆうき》）君などは、振り上げるように打ちますし、オリックスの吉田（正尚《まさたか》）君なども片手でパーンッと打ちますが、みんな右投げ左打ちです。だから右投げ左打ちは、だいたい右手のほうが得意なので、〝前の手で打ったほうがいいですよ〟と言う人がほとんどなので、高橋君のほうが珍しいです。

上田　へー、そうなんですね。

柳田悠岐のすごいバッティング技術

古田　僕の場合は、右利きで右投げ右打ちなので、当然右手のほうが強いので、右手でガツンと押し込んで打ちます。

上田　そうなると、右投げ左打ちって不利じゃないですか。ボールを近くまで呼び込みづらいわけでしょ。右手で打つわけだから、前でさばくわけですよね。そうすると、前のポイントでスイングしにいったら、ボールが変化したみたいなこともいっぱい出てくるわけでしょう。

古田　でも、そのぶん右手が利くから、左手が離れてもかなり対応できます。たとえば、柳田君が片手一本で振ってスタンドに放り込めるのは、右手だけのスイングだとインパクトゾーンの幅が伸びるからです。逆に、打ちにいったときに左手が離れないと、インパクトゾーンの幅が狭くなってしまいます。

西武の秋山（幸二）さんは、いつも体勢を崩しながら前めで合わせていました。清原（和博）君は右手で、後ろめで合わせて押し込んで逆方向へ打っていました。

上田　逆方向に大きいのを打てる人って、後ろの手で合わせる人なんですかね。

古田　はい。でも、柳田君はそうではないか……。

上田　確かに、柳田選手はレフト方向にも打ちますよね。

古田　片手でもいけるぐらいの感じで、空を見て打っていますね。そもそも柳田君のスイングは、理論的にはおかしいと思いますけどね。

上田　柳田選手のバッティングは、アッパースイングではないんですか。

古田　いろいろな人がいろいろなことを言っていますが、柳田君のスイングは、僕が現役時代の頃の外国人選手のようなハイフィニッシュ（バットスイングが高い位置で終わるスイング）です。そもそもスイングというのは、ハイフィニッシュのほうがボールが高く上がります。

上田　それは、絶対なんですね。

古田　ハイフィニッシュしようと思ったら、体を反らさないといけません。打つ瞬間に体を反らすからハイフィニッシュになるわけです。ということは、バットがボールの下に入りやすいので、ボールが上がるのです。ホームランバッターは、だいたいハイフィニッシュです。それは、アメリカでも日本でも一緒です。だからホームランバッターになりたければハイフィニッシュしなさい、と言われていました。王（貞治）さんもレベルスイング（バットの軌道が地面に対し水平になるスイング）からのハイフィニッシュで打っていました。

僕の考えでは、バットがボールの下から当たるのがアッパースイングで、インパクトゾーンまでは普通に出ていって最後に上がるのはアッパースイングと呼びません。柳田君はトップの位置からダウンスイングでインパクトゾーンにきて、そこからハイフィニッシュという感じなので、僕の感覚では、アッパースイングではありません。

上田　落合さんはアッパースイングですか？

古田　レベルスイングぐらいだと思います。

上田　落合さんでもアッパースイングではないんですね。

古田　バットを横から出す感じです。基本的には横から入っていき、打つ瞬間にちょっとヘッドを立てます。ハイフィニッシュですが、打つ瞬間まではレベルスイングというイメージです。

上田　柳田選手ものすごいパワーだなと思いますけど、やっぱりバッティング技術もすごいですか。

古田　すごいと思います。我が道を行く感じでいいのではないでしょうか。王会長の影響もあると思いますが、柳田君は身長が１８７センチと、体が大きくて、二軍にいるときから、いかに飛ばしながら一軍で生き残るかということをすごく考えて努力してきたと思うので、それをものにした感じです。オリックスの吉田（正尚《まさたか》）君のように、普通に立って、普通に前でパンッと払う打ち方は昔からけっこうありましたが、柳田君の場合は、一回体ごとぶつかっていきます。そのときに、バットという重りを持っているので、体で持っていったほうがバットのヘッドスピードが上がります。最後のインパクトのときのヘッドスピードを上げるには、体を止める必要があります。たとえば重いものを体の前で持ち上げて、腕を振り子のようにしながら前方へ投げようとするとき、いったん後ろに体重をかけて勢いをつけたほうが遠くへ投げることができます。でも、そのスピードを上げるには、リリースするときに体を後ろへ戻さないといけません。つまり、バッティングでも、そのほうが手が走るので、バットの先端がギュンッと回ります。柳田君は、それを活かした打ち方をしているので、王さんのスイングに近いです。ためて、ためて、ためて、最後は体が後ろに戻っているのです。

上田　けっこう複雑な動きをしているんですね。

古田　王さんも、一本足でバットをボールにぶつける打ち方ですが、体がそのまま前にいったら飛ばないので、打つ瞬間は、空に向かって背筋を意識してハイフィニッシュです。ただ、ぶつけて戻すより、普通に前めで打ったほうが当たりやすいのです。でも力でいうと、やはりぶつけて戻したほうが飛距離は出ます。

上田　でも、吉田選手も小柄じゃないですか、野球選手としては。よくあんなでかいの打てますよね。それは、体の使い方やバットに伝えるうまさがあるからですか。

古田　もちろん筋力もあると思いますが、技術が高いと思います。だから吉田君はスピードで打っています。体格が普通のバッターは、ヘッドスピードを上げないと飛びません。体が大きい選手は、筋力もあって、リーチも長く、遠心力が強くかかるので、飛ぶのは当たり前です。

体格の大きくない人が、パワーを補うにはスピードを上げるしかありません。そのためには、体の回転を上げるなどの工夫が必要です。イチローも体の回転を使ってホームランを打っていました。イチローは、体重が80キロあるかないかぐらいの体でかなりの数のホームランを打ちました。彼のスイング時の体の回転が速いのは、下半身の筋力かもしれないし、技術の高さかもしれません。吉田君は、近くで見ると、特に下半身がムチムチしています。

上田　太ももとかすごいっすよね。

古田　お尻などもプリプリしています。

スピード&パワーを兼ね備えた超人・秋山幸二

上田　今まで古田さんが出会ってきたプロ野球選手の中で、この人、超運動神経いいなーという人は誰ですか。ちなみに僕は、西武の秋山さんは、超運動神経いいんだろうな、なんて思って見ていました。ほかのスポーツをやっても、きっとすごい一流になるぐらいの運動神経なんだろうなー、と勝手に思ってたんですけど、やっぱりそういう人ばかりなのでしょうか。

古田　そうですね。体もものすごく大きいです。昔、オフシーズンに、100

メートル走だと誰が一番速いのか競走したことがあり、ヤクルトの笘篠《とましの》（賢治）君が優勝したのですが、普通の運動靴でタイムが11秒ぐらいでした。それをたまたま見ていた陸連（日本陸上競技連盟）の偉い人が、「この人、真剣にトレーニングやったら、オリンピック行けますよ」と言っていました。

上田　へえ〜。

古田　本気でスカウトしようとしていました。Jリーグができたときに、日本人のいいフォワードが少ないとか点取り屋が少ないとか言われていて、Jリーグの偉い人が、秋山さんと、名前は忘れましたけど、もう一人がいたら、日本のツートップができるよと言っていました。身長185センチくらいあって、ものすごく足が速くて、体も強いという三拍子揃った人は、当時は貴重な存在だったのでしょう。あと、西武の松井（稼頭央《かずお》）君などもものすごく足が速かったです。プロ野球界には、そういう逸材がゴロゴロいるわけで、背も小さくても180センチくらいはありますし、大谷君がサッカーをやっていれば、体は強いし、ヘディングも強いでしょうから、ゴールもバンバン決めるでしょう。

上田　古田さんだって、野球以外の運動神経もかなりいいんでしょう。

古田　まあ、だいたいのスポーツはそこそこできますよ。

上田　学生時代いろんなスポーツをやってきて、やっぱりクラスメートよりはうまかったんでしょうね。

古田　そうですね。足も速いほうでしたし、バスケットもうまかったし、サッカーもそれなりにできました。

上田　そういう人じゃないとプロ野球選手にはなれないんですか。

古田　なれないとは言いませんが、みんなうまいのは事実です。野球選手がオフになって自主トレ期間にフットサルなどをやると、いつどこで練習していたのって思うくらい、うまいですよ。石井（一久）君も、めちゃくちゃうまいです。でも、なぜかみんなバレーボールが苦手でした。

上田　なんででしょう。

古田　何かの企画で、バレーボールを1回やらされたことがありました。そのとき、運動神経がいい桑田（真澄）君がすごく下手だってことがわかり、「あの桑田ができへんのか……」って、みんなで言ったことがありました。トスができなかったり。

上田　みんなあんまりうまくないんですか。

古田　はい、バレーボールはうまくできなかったです。バスケットは、人によってですけどうまいほうでした。

上田　その中でも、古田さんが〝この人はすごいな〟と思った人は誰ですか。

古田　やっぱり秋山幸二さんがトップクラスだと思います。秋山さんは、足が速いだけじゃなく、パワーもありました。秋山さんは、いわばハンマー投げの室伏広治さんクラスですよ。以前、テレビ番組の『スポーツマンNo・1決定戦』に秋山さんが出場されたことがありました。そのときの秋山さんは、すでにベテランクラスで、いつも「腰が痛い、腰が痛い」と言っていたので、がむしゃらにやらなくてもいいような立場でした。

その番組の競技の一つに、樽を投げて高さを競う「THE GALLON THROW」という競技があり、秋山さんは決勝まで勝ち進んで外国人と戦うことになりました。腰が痛いにもかかわらず、ガッチガチのテーピングをして、本気で樽を投げていました（笑）。もともと、秋山さんはフライを捕るときなど、スーッと走ってひょいと捕るような、なんでも涼しくプレーするタイプで、あまり一生懸命しているような姿を見せないのですが、なぜか「THE GALLON THROW」で本気を見てしまいました（笑）。

上田　そこで見たんだ！　野球場じゃなくて（笑）。

古田　やはり負けず嫌いなんだなとは、すごく感じました。あのガチガチのテーピングが忘れられないです。ちなみに、「THE GALLON THROW」では、僕らが全然届かない高さまで投げていました。

上田　まあプロ野球選手がほかの競技の選手に負けるわけにいかない、っていう強い責任感もあったんでしょうね。僕だったら一日警察署長くらいの責任感ゼロでやりますけどね。

筋肉バッキバキな双璧、新庄剛志と松井稼頭央

上田　秋山幸二さんは、運動神経というくくりでいうと、プロ野球選手の中でもやはりトップクラスですね。

古田　プロ野球選手の全員を知っているわけではないですが、新庄君もすごかったです。足も速いし力もあるし、近くで見たらいかつい体をしていました。オールスターゲームに出ると、風呂場などで他球団の選手の裸を見ることがあり、とろんとした体型だけどとにかくでかいタイプだったり、筋肉でガチガチのシックスパック（お腹の腹直筋が6つに割れているのが見える状態）みたいな選手だったりがいるのがわかるのですが、そのガチガチなのが、新庄君と松井（稼頭央）君でした。〝これは仕上がってんな～〟という体でした。それに足も速いしパワーもありました。全盛期の田中（幸雄）君の腕も太かったです。

上田　日本ハムの。

古田　オールスターゲームとか日米野球などで、普段一緒にならない選手の体をチラチラのぞいては、そんな観察をしていました。

上田　新庄さんは、野球のために鍛えたんですよね。服が似合うようにっていう感じで鍛えてそうなイメージもあるんですけど。
古田　彼は、ものすごく鍛えていました。
上田　あー、そうですか。
古田　そうでないと、あんな体にはできないです。
上田　野球に対しては、相当真面目にやっていたってことですか。
古田　ウエイトトレーニングをやっていた理由はわかりませんけど、あの体をつくろうと思ったら、相当負荷をかけないといけないので、かなり根を詰めてやっていたと思います。ウエイトトレーニングの最後の一回、ビルダーがいつもうめきながら必死にすることをやらないと、でかくすることはできません。
上田　古田さんもウエイトトレーニングはけっこうやっていたんですか。
古田　いや、そこまでやるタイプではなかったです。ガチガチはケガをする可能性もあるので、ウエイトトレーニングは途中でもういいでしょうというタイミングでやめていました。

上田　なるほどね。やっぱり野球選手ってみんなすごいんですね。ヤクルトの飯田（哲也）選手もすごかったと思いますけど。

古田　下半身はすごかったですね。

上田　足も速いし、肩も強かったですよね。

古田　すごかったですが、秋山さんとか新庄君クラスじゃなかったです。

上田　ある競技で一流のアスリートの方と話をする機会があったとき、その道のトップアスリートなんてすごいですねーみたいな話をしたら、「いやいや、この競技には、身体能力の高い人がいないから、僕が目立つだけ」だと。身体能力の高い子は、まずは子どもの頃に野球をして、次にサッカーをやると。自分は野球やサッカーでは目立てないし、無理だなと思ったから、最終的にこの競技に流れ着いて目立っているだけで、もし野球やサッカーで目立てる人が来たら大変だとおっしゃっていました。たとえば、古田さんみたいな人がその世界に入ってきたら、もうとんでもないことになるんだ、みたいな話を聞いたんですよね。そう考えると、古田さんの時代って、野球人口も多いし、それで日本一のキャッチャーになるって、まー、ものすごいことじゃないですか。競争率も高いし、そう考えると今、野球人口が減っていって、強いていえばこの子が一番うまいか……くらいの子たちがプロ野球に入って、果たしてレベルを保てるのかなとかって、僕はちょっと思うんですよね。

古田　レベルは保てます。

上田　そういうものなんですか。

古田　僕も肩が強いと言われましたが、今だって肩の強い選手はいっぱいいます。ほかのスポーツがダメだったからプロ野球に入ってきたわけではないので、レベルは一緒です。野球人口の総数が少なくても、その上澄みであるトッププロのレベルは何も変わりません。韓国の野球人口は、日本の比じゃないくらいものすごく少ないのに、韓国代表と日本代表で対戦したら、日本が絶対勝つというわけではありません。

上田　確かにそうですね。

古田　だからプロの選手層は一緒で、日本のほうが少しだけ層が厚いくらいの違いです。ですから試合に出られる機会を与えられたら、十分に活躍できます。ただ、昔はやはり運動能力の高い子が野球をやっていたのは事実かもしれません。極端なことを言うと、野球で肩や肘、腰を壊したから野球をやめた人たちが、俊足を活かしてサッカーをやったり、背が高いからバスケットボールをやったりしたら、トップで活躍できるかもしれません。

松井秀喜の打球は、とにかく速すぎた

上田　1993年のペナントレース、東京ドームで、ヤクルトの高津さんがピッチャーだったと思うんですが、野村（克也）監督からデビューしたばかりの巨人の松井選手にインサイドのストレートを投げてみろって言われて、実際に投げたらガツンとライトスタンドにホームランを打たれたっていう話は、本当なんですか？

古田　あのときは、ヤクルトが3点差で勝っていましたが、あの試合の高津君は、じつは初めてのセーブシチュエーションで、9回を任されて初セーブをあげたんです。

上田　髙津さんは、NPBで通算286セーブしてますけど、あの試合が初めてだったんだ。

古田　2アウトランナー一塁の場面で、松井君がバッターボックスに歩いてくると、スタジアムがどっと沸きました。僕も、〝うわっ松井だ〟とか思いながら、十分抑えられると思っていました。で、ふと自軍のベンチを見ると、メガホンを持った野村監督が「おいっ、ストレートいけっ!」と、言っているんです。僕も指示通り、髙津君にストレートのサインを出したものの、髙津君は初めてのセーブシチュエーションで、打たれたくないので、何回も首を振って嫌がるわけです。そんなわけでサインがなかなか合わないから、しびれをきらした野村監督がメガホンで、「おいっ!　ストレートいけ言うとるやろっ!」って大声で怒鳴ってきました。ヤクルトのベンチは三塁側なので、左打者の松井君からも野村監督が真正面に見えるから、筒抜けじゃないですか。

上田　ブハハハッ!

古田　〝松井に聞こえとるがなっ！〟と思いながら、タイムをとってマウンドに駆け寄り、髙津君に「野村監督が絶対ストレートを投げろって言っているから、悪いけど投げてくれ」と言いました。「ストレート投げたら打たれますよ」と、髙津君もすごい粘るので、「頼むから投げてくれ、打たれへん、大丈夫や」と言ってなんとか説得しました。ようやく投げたら、すごい弾丸ライナーのホームランを打たれてしまいました。

上田　ヒャハハハッ！　ストレートってわかっていても、ちゃんと打ち込むのはすごいですよね。

古田　ものすごいスイングでしたから、当たった瞬間、すごい！　と思ってパッと顔上げたら、もうスタンドの中段に突き刺さっていました。

上田　阪神の赤星（憲広《のりひろ》）さんに聞いた話ですが、普通、バッターがカーンッて打ったら、捕れるかもしれないと思って3、4歩そっちの方向に追いかけるんですって。でも、松井さんのときは、もう一歩も動かず、〝あ〜無理無理〟みたいな感じだったらしいですね。

古田　はい。松井君の打球はとにかく速かったです。今の村上君もすごいですけど。

上田　村上選手は、広角にホームランを打てるところもすごいですよね。

　ピッチャーが投げたボールがバッターの手前で変化する、カットボールのようなバットの芯をずらすような球種が、この10年で全盛になってきたじゃないですか。そうなると、手元まで引きつけなきゃいけないわけですよね。手元まで引きつけてもホームランを打つってことは、逆方向に打てるようにならないとなかなか難しいんでしょう？

古田　はい。でも昔から、逆方向に打つと打率は上がるものの飛距離が出ないので、ホームランバッターは逆方向に打ちません。松井君も、よくてセンター方向です。逆方向に打つのは、手首を返せないので難しいのです。多分、村上君はクローズドスタンス（前足をホームベース寄りに置き、ピッチャーに背中を向けるように構える）なので、逆方向が、バックスクリーンの少し左くらいだと思います。だから、僕らが思っているほど広角ではありません。

上田　なるほどー。

古田　巨人の高橋（由伸）君も同じような感じかもしれません。ちょっと踏み込み気味に構えて、左中間に打つのが得意でした。

上田　はーなるほど。

古田　おそらく左中間に飛ぶのが、通常のスタンスで打ったときのセンターフライでしょう。

上田　ということは、ライトポール際の打球があまりないんですね。

古田　体が少し左中間に向いて、しかも左中間に踏み込んで打つので、それが一般的にいうセンターですね。

上田　流してのホームランっていうようなこととはちょっと違うんですね。

古田　そうですね。びっくりするぐらい飛びますしね。

変化球に対する探究心が半端ないダルビッシュ有

上田　話は変わりますが、ピッチャーって、どっちかというと、我が強い人が多いですか？
古田　我が強いというよりも、最近の選手で名球会に入っているような人は少ないです。
上田　〝俺が俺が〟的な感じってことですかね。
古田　そうです。目指しているものが違うのです。今の選手は、たとえば速い球を投げたいとか、誰も投げていないような変化球を投げたいとか、とにかく抑えられればいいとか、極端なことを言えば、お金さえ稼げればいいとか言っている人もいます。
上田　先発ピッチャーなら勝ちたいとか、中継ぎ投手ならホールド数をあげたいとか、抑えならセーブ数をあげたいとかじゃなくて、とにかく速い球を投げたいんですよっていう人もいるってことですか？
古田　はい、います。もちろん、最終的にはチームとして勝ちたいとか、自分が上のレベルにいきたいとか考えていますが、その途中の過程で、もっと速く投げたいなどと思うようです。ヤクルトの五十嵐（亮太）君はまさにそうでした。150キロ投げたら155キロ投げたい、155キロ投げたら158キロ投げたいと。そんな考えでがんばったほうがエネルギーが出て成長すると思い、「ケガしない程度にがんばれや」という声がけであおっていました。逆にダルビッシュは、若くてあれほどいい球を投げるのに、自分で「僕は変化球投手です」と言うほど、変化球を突き詰めたいタイプです。

上田　直球なんて全然興味ないらしいですね。

古田　そうなんです。変化球にすごく興味があり、どう握ってどう投げたらどう曲がるとか、そんなことばかり考えています。あんなにすごい球を投げるのに、会うたびにいつもそんなことを話してくれます。

2011年のオールスターゲームの第2戦の解説をしているとき、次の試合に出場予定だったダルビッシュが解説席に来たことがありました。CM中に「ボールが浮き上がったら打てないと思いませんか?」と聞かれたので、「それは打てないな」と言ったら、「ストレートを投げて浮き上がらせるのは難しいんですが、僕はカットボール投げるんですけど、カットボールならボールを1

個か2個上に滑らすことができるんで、これにちょっと角度を変えれば浮き上がると思いませんか」と言うので、「浮くなー」と答えました。そうしたら、翌日のオールスターゲームの試合で実際にその浮き上がる球を投げました。

上田　実際、ボールは浮いたんですか？

古田　はい、ちょっと浮きました。バッターは阿部（慎之助）君で、ボールがインハイにいったので、ファウルになりましたが、ファウルチップが阿部君の顔の前を通ったので、すごくびっくりしていました。解説中、「今投げましたよ」と言いましたが、誰もわかってくれませんでした（笑）。「昨日ダルビッシュが浮き上がる球を投げるって言ってましたよ」と言ったんですけど……。

上田　それ以降、この球使えねえかな〜みたいな感じになったんですかね。

古田　きっといろいろなトライをしているのでしょう。ものにできたかどうかはわかりませんが、どうしたって浮き上がるように投げるのは難しいでしょうからね。

上田　それにしても、よく次の日に実戦で投げましたね。

古田　彼は器用なのだと思います。僕から言わせれば、彼でさえあれほど探究しているわけですから、彼みたいな人に出会って「どうですかね」と聞かれたとき、「それは無理だよ」と答えるのではなく、「それ投げられたらすごいぞ」って乗っかってあげたほうが、こっちもワクワクします。

たとえば、ストレートを磨きたいピッチャーに、「野茂（英雄）がストレートを速くするために、こんなことしていたらしいよ」と言って、そのピッチャーが言われた通りに練習しだすと、アドバイスした側（キャッチャー）の求心力につながるわけです。「あの人、俺のこと見ていてくれてアドバイスくれる」となるので、僕もピッチャーのタイプを分けてアドバイスするようにしていました。プロの一軍レベルになると、足りないものを補わないと、その上には行けません。長所を伸ばすとかは二の次で、短所を埋めていかないと絶対に勝てません。だからあるレベルまで到達した選手には、お前の課題はここだ、足りないところを埋めたら10勝できるよ、先発ピッチャーになれるよ、というようなことを言っていました。

第2章　打撃　奥深きバッティングの極意

打撃開眼のコツとは？

上田　古田さんの場合、プロになって2年目（1991年）に何かコツをつかまれたんですか？　打撃開眼といいますか、こうすれば打てるんだみたいな。

古田　はい、コツをつかみました。

上田　何をつかまれたのが大きかったんですか。

古田　プロは練習をたくさんするのですが、僕はまず、プロ野球選手はどんなバッティングをしているんだろう……、きっと僕らと違うことをやっているのだろうな、などと思いながら、練習を〝コツ探し〟だと思って取り組んでいました。僕がいたヤクルトには広澤（克実）さんや、池山（隆寛《たかひろ》）君、秦《はた》（真司）さんなど、打てるバッターがたくさんいたので、練習中、横に立って、どんなバットを使っているのか、どんな握り方をしているのか、バットの軌道はどうなっているのかなど、あらゆることを観察していました。

たとえば、よく「バットは上から出すんだよ」といわれますが、プロのバッティングを見ると、全然上から打ってないじゃん！　と思いませんか？

上田　落合（博満）さんなんか、下から打っているように見えますもんね。

古田　感覚的なものと実際にやっていることは違うんです。感覚的に話していることや、伝え聞いたことだけで判断すると、大間違いをしてしまいます。それよりも、落合さんはこうやって打っているんだなとか、バットは長いのを使っているんだなとか、実際に自分の目で見て気になったところを探しながら、いろいろな人のアドバイスも取り入れながら練習していました。

上田　そういったところを自分の中で1年目と大きく変えたんですか？

古田　そうです。

上田　バッティングでいうと、最短でバットを出す、みたいなことなんですか？

古田　いや、逆に最短に出しません。というのも、構えた状態からバットを最短距離で振る人なんていないからです。みんな、構えて、いったんグリップを後ろに引いてから振ります。それなら、最短ではない軌道でバットを振ってみようと。そして、バットを横から入れて、ボールが当たる瞬間にバットを立ててみたりしていました。あと、インコースのボールを打つときは脇を締めろといいますが、僕は、開けているほうが打ちやすいだろうと思ってそうしたら、確かにボールがバットの芯に近いところに当たったので、ライナーになりやすかったです。

僕の場合、ホームランを打たなくてよかったので、セカンドの頭を越えるヒットを打って、それがいい当たりだったら長打の可能性があるという感覚でやっていました。

あるとき、プロ野球では、3割打っていれば代打を出されないことに気づきました。でも2割5分だったら、代打を出されてしまう。僕みたいな8番バッターが、3割近く打っていたら、代打を出されることはありません。ということは、ずっと試合に出続けられるし、もっと言うと、ライバルに活躍させるチャンスを与えない、ということになるわけです。

上田　なるほど。ずっとレギュラーでいられるわけですね。

古田　プロ野球というのは、2割5分と3割の違いで、一流と二流に分けられる世界といえます。特に、僕が現役の頃は監督が野村（克也）さんだったことも背景にあり、こんなに違うのかと思いました。

2割5分と3割の違いを、20打数で考えてみると、2割5分だと20打数5安打で、3割だと20打数6安打になります。ということは、1週間に6試合あったとして、1試合4打席とすると、24打席になります。そのうちバントや犠牲フライがいくつかあるとすると、打数は20から24の間になります。つまり、2割5分と3割の差とは、1週間で1本ヒットが多いかどうかの差になるわけです。これならば、なんとかなりそうな気がしませんか？

上田　おー、確かになんとかなりそうな気がしますね。1週間にプラス1本打てばいいわけですからね。

古田　僕、1年目の成績は、たまたま打率が2割5分でしたが、それくらいの打率はなんとかなるかなと思っていました。その後、ここから3割まで上げるにはどうしようかと思ったときに、1週間に1本余分に打てばいいだけか、と思えたのがすごく気持ちの上で大きかったです。それなら、とにかくバットに当てさえすればヒットになるかもしれない、だったら簡単に三振してはダメだと思っていました。

コツをつかんだというのは、先ほど話した技術的なものと、メンタルでいうと1週間で1本多く打てばいいという話になります。そのことに1年目で気づくことができたのが大きかったです。自分の読みを入れたり、対戦相手のピッチャーを必死に勉強したりして、〝相手は必ずこれでストライクを取ってくる〟とか考えて、そのボールをホームランにしようと思ったりしました。ミスショットもしましたが、ときにはきっちりセンターに運んだり……というのを積み重ねる毎日でした。

上田　1年目に気づかれるのがすごいですよね。

古田　僕がプロに入ったのは25歳の年だったので、いい形でやれて10年かな、くらいで思っていました。言い方は悪いですが、その間に稼がないといけないので、野球で成績を残すにはどうすればいいのか、どうすれば生き残ることができるのかなどといった思いをずっと抱えながら、野村監督のもとで野球をしていました。

一睡もせずに首位打者獲得!?

上田　古田さんが2年目（1991年）に首位打者を獲得したときの話になりますが、落合さんがダブルヘッダーで6打数5安打して、古田さんを抜いて打率首位になりました。結果、広島（広島東洋カープ）との最終戦に古田さんが2打席で1本ヒットを打たないと首位打者になれないことがありましたよね。そのときの落合さんについてどう思っていたんですか？

古田　絶対に打たないと思っていました。野村監督が、タイトルというのはなかなか獲れないものだし、獲れるチャンスがあったときは獲ったほうがいいから、最終試合の前の試合では、僕のほうが落合さんより上だったから休めと言われて、僕は最後の一つ前の試合を休みました。その後、もしダブルヘッダーで落合さんが6の5だったら、最終戦に出ろよなと言われました。そうは言いながらも、周囲の人たちも6の5なんてさすがの落合さんでも打つわけないだろうと思っていたはずです。

上田　そりゃ、そう思いますよね。そうしたら打ったじゃないですか。

古田　今みたいに、試合経過がインターネットでどんどん入ってきたらいいのですが、当時は、伝え聞くわけです。「打ったらしいぞ」と。当時の僕は寮にいたのですが、みんなが「本当に！」「嘘でしょ」とか騒いでいて、携帯電話もない時代なので、どこまで本当かわかりませんでした。伝え聞く情報が本当に？　本当に？　みたいな感じで、そのときは寝ることができませんでした。

上田　そうなんですか？

古田　明日打たなくてはいけないと思ったら、眠れなくなってしまいました。野球人生というか人生で初めて寝られませんでした。

上田　日本シリーズの前日とかでも寝られるのに、そのときだけですか？

古田　はい、ほぼ寝ずに行きました。どうしよう～とか、そんなことばかり考えていました。でも、寝てなくても野球はできるものだということがわかりました。

上田　ファハハハ、それこそね、もうベロベロで酔っ払ってプレーしている選手もたまには……。

古田　広澤克実というね（笑）。

上田　あ、広澤さんはそういう感じだったんですか？

古田　広澤さんは、僕の感じでいうと、昭和最後の野球選手です……いや、真中（満）君が受け継いでました（笑）。

上田　ファハハハ、そうですか。でも、そのときに古田さんも2－1って、かなりのプレッシャーがあったんじゃないですか？

チャンスの場面になると手が出ない

古田　プレッシャーはありました。今だったら、いろいろ経験しているので、

〝こういう気持ちで臨めばヒットの確率が高くなるだろう〟などと考えることはできますが……。

自分の経験上、結局、バットを振らないと何も起こらないので、大事なところで手が出ないのは一番ダメです。でも、意外に野球選手はチャンスの場面になるとみんな手が出ません。

上田　なんでですか？

古田　野球というのは、かなりヒットを打つ打者でも打率は3割台です。そんな打者でも、ヒットにすべくスイングしても7割は失敗します。つまり、7割は失敗することに対してスイングしなくてはいけないんです。すごいチャンスの場面で打席が回ってきて、もし打てなかったら二軍に落とされるかもしれないとか、ブーイングを浴びたり、ヤジられるかもしれないなど、いろいろなプレッシャーがかかってくるわけです。そんな中で、チャンスが回ってきて、よっしゃーと言える人間はかなり少なく、レギュラーが確定しているとか、新庄（剛志）君とか長嶋（茂雄）さんみたいな人は大丈夫ですが、ほとんどの選手は7～8割は失敗することにトライしなくてはいけないことで、手が出なくなってしまうのです。

上田　へ～。

古田　チャンスの場面のとき、僕もたまにありましたが、手が出ないので、自分はフォアボールで出塁して、次のバッターに任せて、自分に責任がこないようにすることはありました。だから、手が出なくなってしまうことはよくわかっていたので、とりあえず振らなくてはいけないと思って打席に立ちました。

最終戦は、足立（亘）君という、145キロくらいを投げるピッチャーとの対戦だったのですが、ボールが速いことはわかっていたので、とりあえず、1、2、3で振ってみようと思い、第1打席の初球を振ったところ、ド緊張していたせいで、バットとボールが50センチ近く開いていたんです。そうしたら、ベンチから笑いが起きました。僕も〝自分どこ振ってんの〟と笑ってしまいました。そのおかげで、リラックスすることができ、次のボールが同じような140キロ台のボールだったため、ヒットにすることができました。1球目の空振りが精神的に大きかったのだと思います。

上田　意外とそういうのが気楽になる要素になったりするんでしょうね。

古田　そうですね。多分一球見ようと思っていたら、2ストライクに追い込まれてややこしくなっていたと思うので、結果的には初球から振った前向きな姿勢は、正解でした。ただ本当は、前向きな姿勢かつ頭をクリーンにして、いいボールだけをちゃんと打つことができたら一番よかったと思います。

上田　巨人の堀内（恒夫）さんが、初めて開幕投手で投げたとき（1972年）だったと思うんですが、本当に緊張してガチガチになってしまったので、こりゃダメだと思って、わざとキャッチャーの頭上高く大暴投したらしいんですよ。そうしたら気持ちが楽になって、それからいいピッチングをしたとか聞いたことがありますよ。

古田　どうしてもガチガチになることはあるでしょうね。日本シリーズのように、勝つと負けるとで大違いの試合のときは特にそうなるでしょう。

抑えられた球種をヒットにするのが一軍の選手

上田　記憶力についての話ですが、王（貞治）さんは、自分が打った868本の全ホームランについて、すべてどういうボールが来て、どこに打ったかを覚えていたって聞いたことがあるんです。江夏（豊）さんもここで三振を取ったとかを全部覚えていたっていうんですが、本当？　って思ってしまうんですけど。

古田　僕は、逆にアップデートしていかないといけないので、覚えていなかったです。２年前のデータは、正直言うと役に立たないです。

たとえば、以前、松井（秀喜）君に対してスライダーで抑えたことがあると、もう一度スライダーで勝負したくなるんです。でも、松井君クラスの選手だと、その球を待ち構えているので、絶対打たれてしまいます。

プロ野球の一軍で生き残っている選手というのは、そういった試練を克服しています。一方、同じ攻め方で何度もやられる選手は、どこの球団も同じ攻め方をしてくるので、いい成績を残すことができません。

上田　あー、なるほどねー。

古田　たとえば、あるバッターはスライダーが苦手だから、ピンチのときはスライダーで勝負すれば大丈夫というデータがあった場合、各球団はスライダーで勝負します。もし、それが実際行われているとすれば、その選手は成績を残せないので、レギュラークラスではありません。

でも、一軍でレギュラーの選手は、実際は打てるものの、たまたまそのときは裏をかかれたからやられただけなんです。一軍で生き残っている選手は、1回やられたスライダーを、今度は必ず打ちます。

キャッチャー側の話をすると、ピンチの場面では、昔そのバッターから三振を取ったときの記憶がよみがえってきます。〝こいつ、このスライダーで空振りしたよな〜〟と。そして、その記憶通りに勝負すると、だいたい打たれてしまうわけです。

上田　課題を克服したからずっと一軍にいられるんですね。

古田　はい、そうです。そのバッターを追い込んだ場合、彼はスライダーを打つことしか考えていないので、その裏をかいてインコース真っすぐのサインを出せばいいのですが誘惑に負けてスライダーを選択してしまうのです。僕も何度もやられましたが、そういう経験を積み重ねていくと、だんだんわかってくるようになります。

サインを出すときも、〝これは打たれるだろうな～〟と思うときもあります。でも、結局誘惑に負けて、〝やっぱりプロだな～〟〝ピッチャーごめんな～〟といったオチになることは多々ありました。

ホームランバッターの特性

上田　ボールの回転は見えるんですか。スライダー回転してるとか。

古田　回転が見えるというより、ボールの〝出どころ〟が見えます。たとえば、ストレートとスライダーを投げたときでは、ボールの出どころが少し違うんです。それを見極められるようになったら打てるようになります。最初の頃は見えないかもしれませんが、ほとんどのプロは見えるはずです。

上田　そういう意味では、ピッチャーはわからないですけど、視力の悪いバッターって、大成しづらいんですか。

古田　でも、高橋（由伸）君や、山田（哲人）君、前田（智徳）君など、ゾーンで打つ人がたまにいるんです。彼らは、あるゾーンに来たボールはなんでも打ちます。インコースに来たからすぐアウトコースを狙うとかではなくて、自分のバッティングを持っています。

たとえば、高橋君は、1、2、3でカーンって簡単に打つ一方、簡単に空振りもします。だからコースとか球種でヤマをはるのではなくて、ボールがこの辺に来たら全部振っていくよというタイプです。そして、そのあたりに来たボールが落ちたときは、きれいに三振します。山田君もそういうところがあります。

だからホームランシーンだけを見たらきれいなスイングです。西武のおかわり君（中村剛也）も同じタイプです。

ゾーンで待つのは、ホームランバッターの特性かもしれません。高橋君もそのタイプで、普通、低い軌道から落ちる球は見逃しますが、待っていたゾーンに来たら1球目2球目からどんどん振ってくるので、ものすごく勝負が早かったです。キャッチャーの立場からしても、高橋君とか前田君は、初球から振ってくるので、低めのボールを投げるよう、ピッチャーに要求しても、たまたま投げたボールが、落ちずに真ん中高めにいってしまうと、カチコーンと打たれるわけです。

どう抑えればいいかわからない……日本ハムの松本剛

上田　現役の選手で、この人はバッティング技術が高いなっていうのは誰ですか。

古田　日本ハムの松本（剛《ごう》）君でしょうか。彼は右に左に難しいボールをかなりうまく打っていました。どうすれば抑えられるんだろうと思うくらい、広角にちゃんと打つことができます。配球を読む能力なのかもしれないですが、きれいに右に打ちますよね。

僕も逆方向に打ちましたが、ライナーで打つのは難しいんです。低めの変化球は、どうしても引っかけてしまうことが多いのですが、松本君は引っかけないように、うまく打ちます。うまくいきすぎでは、というぐらい、見るたびにうまいこと逆方向にも打っていましたし、もちろん、引っ張りもうまくできていました。

いいバッターは、左バッターに多いんですが、右バッターでは松本君が一番目立ちました。打率に関しても、昨年（2022年）が3割4分7厘と文句のない数字です。

上田　OBでいうと、やっぱりこの人はバッティング技術が高かったなあっていうのはどなたですか。

古田　嫌なバッターはたくさんいましたが、結論から言うと、僕はホームランを打たれるのが嫌だったので、高橋（由伸）君や松井（秀喜）君などは嫌でした。3割打っていてもそれほどホームランを打たないバッターだったら、別にヒットぐらい打たれてもいいと思って、さほど嫌ではなかったです。特に神宮球場は狭くて風も吹き、かなり点差があってもハラハラしながらやっていたので、ホームランは嫌でした。ナゴヤドーム（バンテリンドーム ナゴヤ）でやるのとは、まったく感覚が違いました。

落合さんのスイングをヒントにして首位打者に？

上田　落合さんはどうでしたか。

古田　僕が対戦した時代の落合さんは晩年でしたが、センター方向にうまく打つなという感じはしていました。ほかの選手と比べたらいわゆるマン振りをしないので、いつもトスバッティングをしているようなスイングでした。

上田　そんなにスイングスピードが速いようにも見えないんですよね。

古田　強振はされないですよね。ヘッドスピードを上げないことがヒットのコツではないかと思い、かなり真似をした時期がありました。

上田　ほう。

古田　ボールとバットの側面は、両方丸いです。ということは、ボールが当たるところは、丸いところと丸いところになります。いわゆる真芯といわれているところにボールを当てようと思ったら、相当な技術が必要になります。あまりにスイングスピードが速すぎると、真芯から少しずれることもあるし、真芯に当たっても向きが違っただけでポップフライ（打球に力のない飛球）になってしまいます。つまり、スイングスピードが遅ければ遅いほど、ボールは真っすぐに、ライナー性の打球で飛んでいきます。落合さんの、スイングのスピードを上げないようにした打ち方を真似して打ったヒットはけっこうありました。

上田　どんなふうに真似したんですか。バットを振らない？

古田　イメージとしては、七分ぐらいのスピードです。

上田　結果としては、いかがでしたか。

古田　プロ2年目（1991年）の首位打者を獲った頃だったので、結果はよかったです。でもホームランが減ってしまうので、面白くないから思いきりバットを振りたくなるんです。野球選手は欲が強いので、ホームランを打ちたいから振るし、振ると空振りが増えるといった悪循環に陥ることもあります。でもその頃の僕は、一回右足に体重を乗せてから打ったり、落合さんの打ち方をけっこう真似していました。あんまり似てませんが、感覚は完全に落合さんを真似しながらやっていました。

上田　以前、古田さんに聞いた話で興味深かったのが、落合さんがバッターで、2ストライクに追い込んで最後ここってサインを出して、ピッチャーが投げたら、〝あ、落合さんはこれ見逃すんだ。よっしゃ見逃し三振だ〟と思ったらバットがグーッと下りてきて、〝でももう間に合いませんよ、今から振っても空振り三振ですよ〟って思っていたら、〝あれ、ちょ、ちょっとタイミングが……あれ、いや、ちょっと待てよやばいよ、ジャストミートじゃん！〟ってみたいな話をされていましたよね。

古田　あったかもしれないです。落合さんのように、逆方向に打つのが得意なバッターは、そういうことがけっこうあります。

上田　でも、落合さんのバットの軌道が最短のようにも見えないんですが、そういうのとはまた違うんですか。

古田　構えてからインパクトゾーンまでのスイングが最短かどうかより、テイクバックからインパクトゾーンまでが最短かどうかが大事なんです。そういう意味でいえば、落合さんのテイクバックからインパクトゾーンまでは、バットがポンッていう感じで一直線に来るので最短なのではないでしょうか。

落合さんは、構えてからトップの位置にいくとき、あまりコック（手首を親指方向に曲げる動き）しないので、テイクバックからインパクトゾーンまで、グリップがそのままポンって出てきます。ゴルフにたとえると、60ヤードのアプローチという感じでしょうか。だいたいのバッターは、コックしすぎてしまうので、ヘッドを戻すために時間がかかってしまいます。結果、振り遅れてしまうことがあります。

上田　それは、リストが強いからできるんですか。

古田　バットの軌道がうまくボールと合えば十分飛ぶ感じです。ボールは、反動を使って打ったほうが飛びますが、フリーバッティングではうまくいっても、実戦の速いボールではなかなかうまくいきません。落合さんも早めに引いて、そこからポンッと一直線に当てる感じです。

上田　振らないんだなと思ったところから振り始めて、間に合っていたわけでしょう?

古田　はい。ポイントがちょっと後ろでも打てる人で、インコースのボールもライトに打ったりしていました。インコースの前と後ろ、2カ所のポイントを持っているのは大きいです。

上田　やっぱり落合さんの技術力は高いですか。

古田　もちろん、かなり高いです。あと、体が動かないんです。一番前に立って、体を開くんですが、ボールを斜めに見て、常にヒットゾーンで打つイメージです。普通のバッターだと、ステップをしたとき、重心が前にいってしまうので、インパクトでボールに届かなくなりますが、落合さんは後ろに体重が乗ったままなので、ボールがかなり後ろに来てもきちんと当てることができるんです。

上田　落合さんも右手で押し込むバッティングだったんですか。

古田　そうです。ライト前とか見事に打っていました。

今までのスイングに戻せないことってある？

上田　落合さんの話が出たので、古田さんにぜひ聞きたかったのが、落合さんが、三冠王を3回獲った直後ぐらいの全盛期のとき、1986年の日米野球でガーンとライト方向に打って、スタンドに入ったなあと思ったら、フェンス2メートルぐらい手前で失速して捕られちゃったらしいんです。そのとき落合さんは、〝あれ〜やっぱりメジャーのピッチャーのボールって重いのかな〟と思って、次は、フルスイングしてみようと思って、本当にフルスイングしたらしいんです。そうしたら、引退するまで自分のスイングが戻らなくなったそうなんですよ。

それと似た話なのかわからないですけど、プロゴルファーの伊澤利光さん、世界で一番美しいフォームといわれていて、フェードボール（右打ちの場合、右に曲げる打ち方）を武器にされていた方の全盛期の頃の話ですが、マスターズで優勝するには、ドローボール（右打ちの場合、左に曲げる打ち方）で打たないとダメだなっていうんで、マスターズで4位になった次の年あたりに、ドローボールの練習をずっとしていたそうです。でも、どうもうまくいかなくなって、もう1回フェードボールに戻そうと思ったら、もう元のスイングに戻れなくなったって言うんですよね。僕ら素人からすると、いや何十年もその打ち方でやってきたんだから戻るだろうって思っちゃうんですよ。

この話を、明石家さんまさんにもしたことがあったんですが、僕が「たとえば、さんまさんが、1年間、天然ボケのキャラでやってみようと思ってやってみたとして、やっぱり天然ボケがうまくいかないから、もう一度突っ込みに戻そうってなっても、戻せますよね？」って聞いたら、「戻れるな」って言いました。僕ももちろん戻れると思うんですよね。やっぱりお笑いと体を使うスイングでは違うんですかね。古田さんはスイングが戻らなくなったことはありますか。

古田　僕のスイングは、毎年違っていたので、戻る、戻らないような意識はありませんでした。僕の場合、常にいいスイングを探していたので、昔のスイングが一番よかったといった意識はなかったです。

スイングは、常に微調整していたので、ピッチャーも変わっているし、この打ち方をすれば必ず打てるというわけでもないなと思いながら、イチローが出てきたりすれば、ちょっと真似してみようとか、新しい人ですごく打っているという噂を聞けば、バットをその人が使っているものに変えてみようかっていうふうなことをしていました。

上田　スイングが戻らないっていう感覚はわかります？　それやったら確かに戻らなくなるなあって。

古田　ゴルフのスイングは、なんとなくわかります。自分がゴルフをやっていて難しいと思いますから……、特に球筋が。そこそこのスコアにまとめるのは、それほど難しくありませんが、狙った通りボールを操るのは、至難の業です。

ゴルフはターゲットスポーツなので、この範囲に落とさなくてはいけないという意味での難しさがあります。一方の野球は、その辺に打てばいいというスポーツなので、そういう意味でいうと、僕の野球に対する姿勢は〝戻す〟という感覚ではなく、ずっといいスイングを追い求めていた感覚でした。

2年目に首位打者を獲ったとき、落合さんの真似をしてちょっとスピードを落とした打ち方をしていたと言いましたが、それから何年か経つと、だんだんピッチャーの球速が上がってきて、この打ち方では間に合わないなと思ったんです。それで、イチローみたいに上から叩いてスパーンッと打ってみたほうが打率上がるかな……といった感じで変えてみたり、ちょっとずついいスイングを模索していました。

なぜ、古田は8番バッターで首位打者を獲れたのか？

上田　古田さんが現役時代、読みで打ったヒットと、読みとは違ったけど打ったヒット、どちらが多かったんですか。

古田　僕は読みで打っていたほうでした。

上田　でも、古田さんはキャッチャーだから、キャッチャーの考えていることはだいたいわかるわけでしょう？

古田　はい。僕は、それを〝根拠のある予測〟と言っています。

たとえば、僕が首位打者を獲ったときの打順は8番でした。セ・リーグの場合、8番バッターの次は、打者の中で一番打たないピッチャーになります。たとえば、2アウト二塁、打席に8番バッターのとき、相手からすると、8番を歩かせて次の9番バッター（ピッチャー）と勝負してもよいのですが、次の回、9番バッターから始まったほうが楽ですし、8番バッターは野手の中で一番打たないバッターなので、できれば8番と勝負したいと考えます。でも、勝負して打たれたら、ベンチから〝どうして8番を歩かせなかったのか〟と、怒られてしまいます。

キャッチャーというのは、そういう打者との兼ね合いやベンチからの指示など、いろんな葛藤を抱えながら野球をしています。たとえば、ベンチからはだいたいくさいところで攻めていけと言われ、カウントが悪くなったらフォアボールでいいよと言われます。そうしたら、おのずと出るサインは決まって、初球からフォークボールを投げることになります。なぜなら、ボールになったらフォアボールにすればいいだけですから。逆に、ストレートをずっと投げてヒットを打たれたら、ものすごく怒られてしまいます。だからキャッチャーは、初球にフォークなどストライクが入りにくい変化球を要求します。僕はそれがわかっていたので、その球を狙っていました。これが、根拠のある予測です。普通だとボールになりますが、たまにフォークボールが落ちきらずに真ん中にきたりするので、それを打っていました。僕はそれを誰にも言わないで、1年間やり続けたんです。

上田　アハハハッ！　なるほどねぇ。

古田　たとえば、試合の終盤で、一塁が空いているとき、次のバッターはピッチャーだけど、どう見ても代打の切り札が出てくるというときがあるとします。このシチュエーションだと、勝負するのは絶対に8番バッターです。なぜなら、8番の僕は野手で一番打たないバッターですから。相手からすれば、最もしてはいけないのが、フォアボールを出すことです。となると、ストライクを取れるボールしか投げてこないという、根拠のある予測ができます。そうして、相手はあわよくばアウトを取ろうと思っています。バッターの僕からすれば、そのストライクを取れる球を狙うわけです。

上田 なるほど。

古田 だから8番バッターのときが、一番首位打者を狙いやすかったです。8番バッターで首位打者を獲った翌年の後半戦の打順は3番でしたが、後ろにはそのチームで一番打つ4番バッターが控えています。だから、1年を通して絶対に3番打者の僕と勝負してきます。それならば、こっちとしては打ち返すしかありません。もちろん、いろんなケースがありますが、とにかくピッチャーには、基本的に3番バッターを歩かせたくないっていう心理が働くので、勝負球になる前のいわゆるカウント球を狙ってどんどん打ち返していきました。ちなみに、その年（1992年）はホームランを30本打ちました。確か4番は広澤さんでした。

3番と8番バッターの攻め方は、似たようなものなので、すごくわかりやすく狙うことができました。3番の場合は、後ろに4番バッターが控えているので、基本的に4番と勝負したくない、8番バッターの場合は、次の打者がピッチャーだから勝負したくない……という相手の心理を意識しながら打席に立っていました。

なぜ、キャッチャーの打率はあまり高くないのか？

上田　古田さんは、通算打率も3割近く、ホームランも200本以上打っていますけど、ほかのキャッチャーでそこまで打つ人ってあまり多くはないですよね。巨人の阿部（慎之助）選手とかソフトバンクの城島（健司）選手とかはそうだったかもしれませんが、プロ野球全体で見ると打たないキャッチャーが多いじゃないですか。でも、そもそもキャッチャーは、キャッチャーの考えていることがだいたいわかるんだから、それを狙って打てばいいんじゃないの？って思うんですけど。

古田　それは僕にもわからないです（笑）。バッターボックスに立つと、欲との戦いがあるんです。たとえば、自分の好きなバッティングカウントになってフルスイングできると思ったら、相手が何を投げてくるかを考えて打つよりも自分の得意な球を狙って打ちたい人のほうが多いんです。ストレートが得意だとストレートを狙いたい、インサイドが得意ならインサイドのストレートが甘めに来いというふうに、それなら長打にもなるので、待つケースがあるんです。それはいわば願望といっていいでしょう。もちろん、願望は当たることもありますが、僕らの感覚では外れることが多いので、それを捨てきれるかどうかがポイントになります。

たとえば、2ボールノーストライクで打っていいというサインが出たら、長打でも打ってやろうと考えます。でも相手は、長打になるコースには投げにくいので、外角に狙って投げます。それを強引に引っ張るとたいていアウトになるので、外角に投げてくるなと思ったら、長打の欲を捨てて、踏み込んでセンターに打つ、というバッティングを繰り返したほうが打率は上がります。僕はどちらかといえば、欲を捨てていたほうです。

プロ野球でいい結果を残すなら、自分の都合よりも相手の都合を考えたほうが得策です。

技術的な面でいうと、バッティングカウントになったときは、長打を打たれたくないことから、アウトコースに投げてくるケースが多いので、その甘い球をきっちりセンターやセカンドの頭上などへ打てる技術は必要です。ただ、シュートが得意なピッチャーなどもいるので、それもきちんとヒットにできる技術もいるでしょう。あとは、どんな配球で来るのかという読みの力も大切です。

飛距離を出せるかどうかは、技術を磨けば出せるものではありません。事実、プロに入ってからホームランバッターになる人はいないでしょう。たとえば、高校生のホームランバッターは、大学生になっても何十本も打っていますし、そういう選手がプロに入って、そのままホームランバッターになるのがほとんどのケースです。でも、その選手は高校生になってからホームランを打ち出したわけではなく、小学生の頃からホームランバッターで、その町で図抜けていた子だったのです。清原（和博）君にしても松井（秀喜）君にしても、いろんな逸話を聞いたことがあると思います。

上田　ネットを越えていったとかですね。

古田　持って生まれたとまでは言いませんが、ボールを飛ばす素質、資質がかなり影響しているはずです。

上田　古田さんが小学生の頃とかは、ホームランバッターで有名じゃなかったんですか。

古田　町レベルではそうでしたが、県大会に出場したらもっとすごい選手もたくさん出てきますし、全国に行ったら規格外の選手がいっぱい出てくるという感じだったので、自分はホームランバッターではなかったです。

　でも、ホームランは、ヒット狙いでずっとバッティングしていても、試合に出続けていれば、年間130試合以上、500打席くらいあるので10本くらいは打つことができます。でも、10本を30本にしようと思うと、ある程度ホームランになりそうなボールをどんどん狙わないといけないので、打率がどんどん下がってしまいます。

僕の打順は8番から始まっているので、打率が下がると代打を送られてしまって試合に出られなくなります。たとえば、2打席打ったあと代打を送られたら試合の半分しか出場できません。それをずっと繰り返していたらレギュラーにはなれませんが、3割打っていれば、ずっと試合に出ることができます。だから試合に出続けるにはやっぱり打率を残したほうが絶対いいわけです。代打で出た選手が活躍したら、その選手がレギュラーとして出続けてしまうことになってしまうので、それは困ると。そういうことを総合的に判断したときに、僕はやっぱりホームランよりも打率を残すことを優先しました。

追い込まれたときは、球速に合わせたスイングで対応

上田　2ストライクになったときに、一番速いボールにヤマをはっておいて、ボールが変化したらそれに対応するバッターとか、インコースしか待ってないとか、たとえば球種をスライダーとかに絞って待つとか、いろいろな待ち方のバッターがきっといると思うんですけど、古田さんはバッターとしてはどうい

う待ち方をなさっていたんですか。

古田　僕はスピードで待ちます。追い込まれたら、たとえば、球速を１３５キロとか１２５キロとか、１４５キロとかにセットして待っていました。

上田　へー、それは古田さん以外の人でもよくある話なんですか。

古田　こういう言い方をするかどうかはわかりませんが、あるはずです。

追い込まれた場合、相手のピッチャーの球種ごとの球速を設定します。フォークは１３０キロ、ストレートは１４５キロ、スライダーは１２５キロなどと設定します。それらの球種を全部ケアしようと思ったら、だいたい１３０キロぐらいで待てば、ストレートは後ろめ、スライダーは前めで当たります。たとえば、このカウントになったら、このピッチャーは一番遅いスライダーの１２５キロはないからストレートの１４５キロにセットして打とうといった感じです。

上田　１４５キロにセットした場合、ストレートだろうが、スライダーだろうがシュートだろうがかまわないんですか。

古田　はい。タイミングを合わせてバットをどこに持っていくかだけなので、問題ありません。もちろん、ストレートなら少し振り遅れ気味になったり、外だったらちょっと前に当たったりしますが、バットに当てることは可能です。

上田　それは、ストレートだろうがスライダーだろうが芯に当てられるものなんですか。

古田　いや、どこかに当たるかなという感じです。バットの芯というのは7センチしかないので、〝芯つま〟とか〝芯先〟とかどこかに当たってくれればなんとかなるかなという気持ちでスイングしていました。カウント的に追い込まれている状況で偏った待ち方をしていると、どうしても三振してしまいます。

上田　古田さんがキャッチャーで構えているときは、このバッターは追い込まれたらインコースだけ待っているなとか、アウトコースだけを待っているなとか、なんとなくわかるものですか。

古田　はい。たとえば、ランナーがいるときは右に打ってくるとか、バッターごとに分類していました。バッターの中には、追い込まれるまでは引っ張りだけど、追い込まれたらポイントを下げて流し打ちするタイプもいます。その場合は、ボールがインコースに来ようがアウトコースに来ようが関係なく、流し打ちをします。

上田 だからポイントを下げるんですね。

古田 はい、そうです。僕の場合は、ポイントを下げるという言い方ではなくて、0・何秒下げるという言い方になります。ホームランバッターは、フルスイングしたいので、力強く振れるインサイドや真ん中の高めあたりに、〝甘いボール来い〟と思いながら待っていることが多いです。

キャッチャーとしては、そこを避けながらピッチャーに投げさせます。追い込んだら、バッターは違うボールをマークしなくてはいけないせいで、本来打てるボールのマークが薄くなるので、あえてそこを使ったり使わなかったりしました。

第3章　投球　半端ないピッチングの世界

とにかくすごい！　**山本由伸のカットボール**

上田　古田さんが今、現役のキャッチャーだとして、現役のピッチャーで一番受けてみたいのは誰ですか。たとえば、オリックスの山本由伸投手とか？

古田　山本君は、キャンプ中に一度ボールを受けさせてもらったことがありますが、カットボールが一番すごかったです。

上田　山本投手のカットボールって、ほかの球種に比べるとあんまり話題にはならないですよね？

古田　あのスピード感でちょっと上に伸びる感じのボールを投げられたら、左バッターは打てないと思います。もちろん、ほかのボールもいいですが、カットボールはかなり〝効く〟ボールでした。

上田　やっぱり山本由伸投手が、ナンバーワンですか。

古田　はい。昨年（2022年）6月18日の西武戦でノーヒットノーランを達成したように、コントロールのよさも抜群です。

上田　山本投手だったら、またノーヒットノーランやるんだろうなっていうような感じがしますよね。

古田　あの若さで、淡々と投げられるのもすごいです。あの若さだったら普通もう少し感情が表に出ますが、まったく出ません。東京オリンピックのときも淡々と投げていました。

上田　キャッチャーをやっていると、うわーこの選手すごい動揺しちゃってんなーとか、カッカしているなとか、手に取るようにわかるわけでしょう？

古田　はい、わかります。

丁寧なピッチングだった髙津臣吾

上田　たとえばヤクルト時代に、こいつはすぐカッカするな〜っていうピッチャーの一番手は誰ですか。

古田　すぐ表情が顔に出るのは石井（一久）君でした。

上田　そうですか。逆に、淡々と、どんなピンチでも動じず投げていたのは誰ですか。

古田　わかりやすいところで言えば、今ヤクルトで監督をしている高津（臣吾）君です。高津君は、人間的に面白くて明るく、飲みに行っても人気者です。

上田　ギャグをおっしゃったりしますもんね。

古田　僕もよく一緒にいることが多かったんですが、男子からも女子からも人気があり、ノリもよくて、性格的にはイケイケな雰囲気なのに、マウンドに上がったら、丁寧に低めにシンカーを投げていくタイプで、しかもコントロールもよかったです。

彼の投げる球種は、シンカーが多く、ほかにシュートも2種類くらい投げていましたが、バッターにもそろそろ狙われているからちょっと裏かいてズバンといきたいねという感じでサインを出しても、いや、まだ早いからまだボール気味にという、慎重な性格でした。

上田　そういった高津さんの性格は、今の監督業にも活かされているんですか？

古田　彼は、性格的に明るくて、もともと雰囲気作りも得意です。たとえばミーティングも、選手たちに面白いことを言いながら気持ちを乗せて、いいムードをつくれる能力が一つ。

　あとはピッチャーで抑えをやっていたので、特にブルペン陣の感覚をよく把握しています。ピッチャーを休ませて使うとか、その気にさせてやるみたいな、技術的なことよりもメンタルのマネジメントに非常に長けています。だから選手が一丸となってがんばれるんじゃないでしょうか。

上田　丁寧に辛抱強く、選手が失敗しても使い続けるみたいなところもあるんですか。

古田　失敗し続けたらすぐ代えますけどね。

上田　そこは代えるんかい！

コントロールのいいピッチャーは上原浩治？　山本昌？

上田　古田さんの現役時代、オールスターとか、日米野球とかも含め、コントロールのいいピッチャーは誰でしたか。

古田　たくさんいますが、たとえば上原（浩治）君や山本（昌）君はよかったです。上原君は、その上に球がかなり速かったので、本当にすごいピッチャーです。上原君が1年目でオールスターゲームに出場したとき、彼のボールをブルペンで受けましたが、僕がいろいろなところに構えると、全部そこに投げてきました。〝ここまでコントロールがいいのか〟と、ただただびっくりした思い出があります。

上田　そんなにいいんだ。

古田　もうビシビシでした。本当に的当てゲームをやっているような感じでした。特に1年目はよくて、球速も140～145キロくらいは出ていました。フォークのコントロールもよくて、しかも両サイドを投げられるタイプです。そりゃ抑えるよねっていうピッチングでした。

上田　たしか1年目で20勝しましたよね。

古田　衝撃の強さでいうと、上原君です。

上田　素人なのに失礼ですが、山本昌さんくらいの球速だと、コントロールされたボールがビシビシ来ないと抑えるのは難しいんでしょうかね。

古田　彼のボールは、四隅のギリギリに来るので、バッターがなんとなく見逃してしまうような、１３５キロぐらいのきれいなストレートが、ボール半分もずれずにちゃんと来ます。思わず笑ってしまうくらいの素晴らしいコントロールです。

上田　そりゃリードしている古田さんも気持ちいいでしょうね、構えたところに来るんですもんね。

古田　アウトコースの低めのボールがスーッと、ゆっくりと糸を引くような感じで伸びてきます。バッターボックスに立つとわかりますが、そのスピード感なら落ちるでしょ落ちるでしょって思っていたらストレートかい！　という感じです。

上田　バッターって、年間何回も対戦して、それが10年20年続くわけじゃないですか。それでも、なかなか慣れないものですか？　もう昌さんのボールだからこの辺で振りにいったほうがいいとか。

古田　ヤマはかけたほうがいいです。ストレートに見えたらシンカーで、シンカーがそろそろ来るだろうと思ったらストレートが来てしまうので、どちらかにヤマをかけるしかありません。普通のピッチャーだったら、ストレートでも甘めに来たら振るつもりで待てますが、四隅に来るピッチャーの場合は、最初からヤマをかけて振らないと打てません。また、全部待ってしまっても打てません。

上田　コントロールのいいピッチャーというと、上原さんと山本昌さんの2人が双璧って感じですか。

古田　そうですね、この2人は本当によかったですね。しかも粘り強くてね。粘り強さでいうと、今、横浜（横浜DeNAベイスターズ）で監督をしている三浦（大輔）君も粘り強くて丁寧に投げてましたね。でも、コントロールは山本昌のほうが上だな。

必死で捕球した石井一久のスライダー

上田　ヤクルトでは誰がコントロールがよかったんですか。

古田　ストレートでいうと高津君です。岡林（洋一）君もいいほうでした。川崎（憲次郎）君や山部（太）君、伊藤（智仁）君、石井君などは、緻密《ちみつ》というよりも勢いでガンガンいくタイプでした。細かく投げるという意味でのコントロールでいくと、やはり高津君になります。

上田　石井一久さんはボールの勢いでドーンといくイメージですけど、石井さんがピッチャーのときは、ストライクゾーンを何分割ぐらいで要求していたんですか？　たとえば、外か内か、真ん中から分けるぐらいの感じなんですか。

古田　スライダーは、ストライクか空振りを狙うときに使っていました。石井君は右バッターの膝下のスライダーが得意で、ワンバウンドしても、バッターは手が出てしまうので、それを僕が必死で止めるという……それを見て石井君はケラケラ笑っていました。

上田　たとえば、石井さんにスライダーを要求すると、ワンバウンドになってうまく捕れないと痛いから嫌だなと思って、違うボールを要求するなんてことはさすがにないですか。

古田　ないですかね、いや、なかったとは言いませんけど……。

上田　あったんかい（笑）！

古田　右打者のインコースの球は、キャッチャーからすると捕りにくいんです。というのも、バットを振りきると、バットで後ろから頭をどつかれるので、バッターに寄れないんです。とはいえ、スライダーでワンバウンドするボールを投げさせれば、止めにいかないといけないので、バットに当たらないよう通常より後ろに下がらないといけません。

でも、離れれば離れるほどボールは跳ねます。だからものすごく難しく、それを計算しながらやらないといけないので、とても嫌でした。

上田　へえ〜そうか。それじゃもう微妙な距離感で止めて、バットにも当たらないようにっていう。

古田　ただ、最初からそこでミットを構えるとばれてしまうので、難しいところです。石井君みたいに、膝下のスライダーが決め球のピッチャーは、とても難しく、僕もだいぶ逸らしましたよ。「こんなん無理だ！」と言いながらやっていました。最近は、ああいうピッチャーは少ないです。

スライダーのスペシャリスト伊藤智仁

上田　古田さんは、以前から伊藤（智仁）さんのスライダーはすごかったっておっしゃっていますが、たとえば曲がり幅でいうとどれぐらい曲がるんですか。

古田　伊藤君は、1年目にケガをしてから3年後に帰ってきたときは、ショートイニングで投げていたせいか、150キロ近く投げていて、ビュンッって曲がっていました。1年目のときは、先発だったので、曲がりの幅はそこそこでしたが、途中までストレートに見えるんです。だから右バッターは、自分のほうにボールが来たように見えるので、少しピクつくんですよ。

上田　手前でギュンと曲がる感じですか。

古田　そうですね。スピード感でいうと、復帰したときは1年目より明らかに遅かったんですが、バッターがピクついてましたから、かなり曲がっていました。トモは撫で肩で腕も長くて、手が遅れてきてビュッと投げていました。ほとんどの右バッターは全然当たらなかったです。

上田　杉内（俊哉）投手がソフトバンクから巨人に来た1年目（2012年）の宮崎キャンプを見に行ったんですね。そのとき、ブルペンの後ろから見させてもらったんです。杉内投手が投げたボールを見たら、左バッターのインコースのボール球なんだなあと思ったら、ギューンって曲がってアウトコースのボール球になったんですよね。プロってこんなに曲がるのかって思ったんですよ。杉内投手のボールは、ホームベースの端から端までいってたんですけど、あんなに曲がるものですか。

古田　曲がる人は曲がりますが、それでもベース幅ぐらいではないでしょうか。僕はそういう目で見たことがないのではっきりしたことは言えないのですが……。自分が受けた感じだと、60センチくらいだと思います。広澤（克実）さんは、バッターボックスに立って一番曲がったと感じたのは、中日（中日ドラゴンズ）の遠藤（政隆）君の1年目（１９９4年）のときだったと言っていました。広澤さんが3回空振りして、僕がそのあと5番バッターでしたが、僕のいるネクストバッターズサークルの前で両手を広げて「こんな曲がったー！」と言っていました。

上田　実際に古田さんも対戦して、それくらい曲がってたんですか？

古田　そこまでではなかったと思いますが、遠藤君は体もごつかったし、どちらかといえば曲がるほうでした。

上田　スライダーでいうと、やっぱり伊藤さんですか？　ほかにもダルビッシュ（有）投手とか大谷（翔平）投手とかいますけど。

古田　残念ながら僕はダルビッシュや大谷君のボールを受けていないので、はっきりとは言えませんが、スピード感でいえばダルビッシュのスライダーはすごいです。もちろん、今の大谷君もすごいです。僕がボールを受けた世代でいうと、一番は伊藤君です。ちなみに僕は松坂（大輔）君までは受けています。

上田　なるほど。

古田　僕は、2006年までのオールスターゲームに出ているので、だいたいのピッチャーの変化球を捕りましたし、日米野球も出ていたので、当時のパ・リーグを代表するピッチャーの球もだいたいは受けました。

最近のピッチャーでいうと、ソフトバンクの千賀（滉大《こうだい》）君のお化けフォークは、大魔神の佐々木（主浩《かづひろ》）君よりも上です。

上田　相当な落差がありますよね。落差でいうと佐々木さんより上ですか。

古田　佐々木君もフォークの落差のあるピッチャーでした。〝ガックン〟という感じで落ちる。落差でいうと、野茂（英雄）君よりも佐々木君ですが、千賀君のフォークのほうが落差があります。

上田　たとえば、田中（将大）投手のスライダーとか、松坂投手のスライダーとかは、伊藤さんのスライダーとはまたちょっと曲がりなどが違う？

古田　マー君と松坂君のボールは受けたことがありますが、一級品のスライダーです。ただ、伊藤君のスライダーのほうが上です。マー君のボールは、彼が2年目のキャンプ中に受けさせてもらいましたが、好不調もあるので正直比較は難しいです。

上田　以前、豊田泰光《とよだやすみつ》さんが、私が見たスライダー投手のベスト3は、稲尾（和久）さんと伊藤智仁さんと宣銅烈《そんどんよる》だっておっしゃっていたんですけど、宣銅烈のスライダーはどうでしたか。

古田　僕も確か打席に1回くらいは立った記憶はあります。

上田　そんなに印象に残ってないぐらいの感じですか。

古田　いや、もちろんいいですが、宣銅烈のような抑えのピッチャーとの対戦はあまり多くないんです。だから佐々木君とも実際には年に数回しか戦っていません。宣銅烈は、どちらかというとボールが速い印象のほうが強いです。

上田　スライダーでいうと、やっぱり伊藤智仁投手なんでしょうね。

古田　僕がボールを受けた範囲ではそうなります。ダルビッシュも日本ハム時代の最後のほうはすごかったです。今ももちろんいいですけど。

上田　確かに、日本ハムの最後の頃とか、いやこれ、メジャーリーガーだって打てないだろうみたいな感じでしたよね。

古田　しかも、ダルビッシュは右バッターのインサイドのコントロールがよかったから、150キロでバンバン投げていましたよ。あのコントロールであのスライダーだから、まさに無敵でした。

なぜ、クイックや守備すらできない助っ人を獲得するのか？

上田　ヤクルトの投手陣は、みんなクイックはうまかったんですか。

古田　僕が現役の頃は、投球動作を1・3秒以上かけてはいけないというチームの決まりがあり、全員でそれを練習していました。

上田　外国人ピッチャーも練習していたんですか？

古田　はい。今だったら足の速い選手が多いので、1・25秒くらいまで縮まっていると思います。

上田　いまだによくわからないのは、わざわざ獲得した外国人ピッチャーで、全然クイックができないピッチャーとかいるじゃないですか。いやいや、こんなピッチャーをなんで今さら獲ってくるの？　とかって思ったりするんです。スカウトする人って、クイックができるのかできないのか気にしてないんですか。

古田　スカウトする際の項目には入っていますが、優先順位が低いのだと思います。トータルで判断するので、クイックはできないものの、球が速いから補えると考えているのでしょう。本人も今までクイックを気にせず野球をやってきて、日本に来てから盗塁されて成績が上がらないからと、日本で勉強する選手もいます。だからやろうと思えばできるけど、自国ではあまり練習しなかったのだと思います。

上田　クイックについては目をつぶって獲得するってことなんですね。あと、外国人野手も、いやいやものすごい守備下手じゃん、こんなの日本のプロ野球に通用しないじゃんって選手も来日するじゃないですか。それも、〝守備は下手かもしれないけど、30本打つだろうし〟って感じなんですか。

古田　巨人の（アダム）ウォーカーは、アメリカの独立リーグでホームラン王を獲っていたので、そういうことでしょう。監督には事前に〝守備はちょっと練習してもらわないといけないけど、打つことは打ちますし、足も速いですよ〟とは伝えているでしょう。若いし、日本で練習すれば何とかなるだろうという感覚だと思います。外国人選手は、助っ人なので、たとえ守備がうまくても、バッティングが全然ダメな選手が来たほうが困りますし、打てないなら日本人の若い選手を起用します。やはり、外国人選手ならそれなりに長打力のある選手がほしいはずです。

なぜ、石川雅規は小柄で180勝以上も挙げられるのか？

古田　ヤクルトの石川（雅規《まさのり》）君は、40歳を過ぎても現役でやっていますが、彼は入団当初はストレートとスライダー、チェンジアップの3種類しか投げることができませんでした。彼は身長が170センチないものの、183勝もしていて、2022年も6勝していますから〝すごい〟の一言です。

大学時代にエースとして活躍した石川君が入団してきたとき、僕はいきなり「こんなレベルの3種類じゃ絶対プロじゃ抑えられへんぞ」と、ダメ出ししたことがありました。すると後日、彼は「何を覚えたらいいですか」と素直に聞いてきたので具体的にアドバイスしたら、毎年新しい球種を必ず覚えてくるようになりました。

上田　なるほど、そういった努力があるから、長年コンスタントに勝ち星を重ねて来られたんですね。

古田　そうですね。彼にはほかにも「お前のチェンジアップ（シンカー）さ、プロじゃ誰も振ってくれないよ」と言ったこともありました。そのときも、すぐどうしたらいいのか質問してきたので、もう少し速く投げられないかとアドバイスしました。そしたら、開幕近くには、速いシンカーが投げられるようになっていました。遅いシンカーだけだと、プロは振ってくれませんが、速いシンカーも投げられるようになると、遅いシンカーが活きるんです。速いシンカーかなと思ってスイングしにいくと、もっと遅いシンカーだったために空振りをしてしまうわけです。球種が1種類増えただけで、キャッチャーのリードの幅がぐんと増えて、一気に抑えられるようになります。石川君には、毎年、カットボールがあるといいなとか、リクエストしていました。彼は、ほかの人の助言に対して素直に取り組む選手だったので、長い間プロの一線で活躍できるわけです。

ストレートの速さならクルーン？　伸びなら藤川？

上田　一番ストレートが速かったピッチャーは誰ですか。

古田　速さでいうと横浜の（マーク）クルーンです。ストレートの伸びでいうと阪神の藤川（球児）君です。彼のボールは、オールスターゲームともう1回くらい受けたことがありますが、空振りが取れるかどうかは置いておいて、バットに当てても前には飛ばないようなストレートでした。

クルーンのストレートは、少しシュート回転する、僕らで言う〝球が汚い〟ストレートなのでバットには当たります。ただ、キャッチャーからしたら捕るのは難しいです。内からバーンッて伸びてきて、伸びるというのはどういうことかがわかるストレートでした。

速くてよく曲がる山本由伸のカーブ

上田　カーブは誰がすごかったですか。

古田　カーブは、好みがありますが、緩い、曲がりがでかいのは、中日の今中(慎二)君や、巨人の桑田(真澄)君などですね。

上田　今中さんのカーブも確かに大きかったですよね。

古田　オリックスの星野(伸之)君も緩かったです。キャッチャーの中嶋(聡)君が、素手で捕ったという逸話がありました。コントロールがよくて、あんな緩さでよくストライクを取れるなというようなカーブでした。

上田　現役のピッチャーでは誰がいいですか。

古田　山本(由伸)君でしょう。彼のカーブは、昔でいうとドロップなんですが、縦にビュンッと曲がります。

じつは、昔のマウンドというのは、今の倍くらいの高さがありました。たしか1990年くらいまでのピッチャーはカーブがよく曲がっていました。なぜなら、低い位置から投げるよりも高い位置から投げたほうが、ボールはよく落ちるからです。だから昔はカーブピッチャーが多かったんです。当時は、キャッチャースボックスで構えていると、セカンドベースは見えませんでしたが、今は明らかに見えます。何センチくらい違うのか、正確にはわかりませんが、僕の感覚でいうと20センチは違います。

上田　マウンドが高いとカーブが有効なんですか。

古田　はっきり有効です。低い位置からカーブを投げる場合は、ボールを1回上げなくてはいけません。つまり、いったん上げて曲げないといけないので、同じ曲がり幅でも全然曲がりません。普通に投げるとワンバウンドしてしまいます。

昔のピッチャーは、ボールを真横に投げるだけで勝手に落ちてくれるので、よく曲がりました。たとえば、ゴルフのドライバーを打つときも、真っすぐから曲げるのは簡単ですが、右に出してから戻してくるのは難しいはずです。

上田　マウンドが低くなったというのが、カーブを投げるピッチャーが減った一番大きな理由なんですね。

古田　そうですね。今、昔のピッチャーのようにスピードがあってよく曲がるカーブを投げているのは山本君くらいではないでしょうか。

上田　へー、すごいなー。山本投手はドン・キホーテ並みに何でもありますね。

シュートを投げ出してから調子がよくなった黒田博樹

上田　シュートは誰がよかったですか。僕のイメージだと、西本（聖《たかし》）さんとか平松（政次《まさじ》）さんかなあとか思うんですけど。

古田　横浜にいた盛田（幸妃《こうき》）君は、スピードも145キロ以上出ていました。彼は、シュートピッチャーと言えるでしょう。

僕が一番苦手だったのは、巨人の鹿取《かとり》（義隆）さんでした。シュートだとわかっていても打てばショートゴロ。ヤクルトの川崎（憲次郎）君は、あるときシュートを覚えて17勝しました。シュートばかり投げるので、〝シュート馬鹿〟と言われていました（笑）。

上田　確か野村監督からシュートを投げろっていう指示があったんでしたっけ？

古田　「シュートを投げられれば勝てるぞ」みたいな。

上田　川崎君はオーソドックスなピッチャーで、ストレートとカーブだけでけっこう打たれていました。

古田　川崎投手のシュートはかなり曲がったんですか。

上田　曲がりは多少ですが、コントロールがよかったです。シュートピッチャーの一番の肝はコントロールなんです。下手なシュートピッチャーはすぐ打者に当ててしまうので、どんどん投げにくくなって甘いコースになりがちなんです。

うまいシュートピッチャーは、バッターがよけることのできる、ストライクとボールの境目に何回も投げることができます。

たとえば、何回も体近くにシュッシュッ投げて来るともめるんですが、ストライクかボールのギリギリのところに来たらもめません。やはり、シュートピッチャーの生命線はコントロールです。

上田　シュートは、ほかの球種以上にコントロールが要求されるものですか。

古田　はい。バッターの近くに投げる球種ですから。広島からメジャーに移籍した黒田（博樹）君もシュートピッチャーです。黒田君が抑え出したのは、明らかにシュートを投げ出してからです。

確か1年目や2年目は、広島にドラフト2位で入団した黒田君より、1位で入団した澤崎（俊和）君のほうが成績がよかったはずです。黒田君は日本で11年投げていましたが、4年目くらいから急にシュートを投げ出して、そこから抑え出しました。

上田　球種としてシュートがあるっていうだけで、バッターはなかなか踏み込みづらくなるものなんですか。

古田　はい。シュートは基本的に真っすぐ来て途中から曲がりますが、左なのか右なのか落ちるのか、どう曲がるのかがわからないので、すごく打ちにくいです。曲がり始めたら打てばいいのに、と思うかもしれませんが、かなり速いので難しいです。シュートを投げないピッチャーの投げる球種は、だいたいストレートとスライダーと落ちる球なので、一方向は消すことができます。

シュートの場合は、体のほうに来る可能性があるので、自分の体の近くに見えたときに踏み込めずに体が開いてしまいます。

うまいピッチャーが投げるシュートは、バッターがストライクだと思ってスイングしても、打つ瞬間にはストライクゾーンから外に逃げたり、下に球が落ちたりするので、ヒットにしにくいのです。一方、下手なピッチャーの場合は、だいたいボールかど真ん中にしか投げることができません。

そういう意味で言うと、シュートはストライクに見えるので、効果的な球種といえます。当たり前の話ですが、バットというのは自分に近づけば近づくほど細くなっているので、自分に近いところで打つほどヒットゾーンに飛ばなくなります。

上田　バットの芯から遠くなるからですね。

古田　はい。バットの先端は太いので、たとえスイングが泳いでも、先端に当たればヒットになることはありますが、細い部分に当たってもヒットにはなりません。右ピッチャーと右バッターで説明すると、シュートはバッターの体のほうにボールが伸びてくるので、体に近いバットの細い部分に当たりやすいのです。

斎藤雅樹の打てない〝真っスラ〟

上田　ピッチャーのボールで、キレのあるボールっていうのは、初速と終速の差があんまりないっていうようなことなんですか。

古田　それもいえますが、プロはボールを〝線〟で見ているので、その線の途中から動くとか、曲がるとかということをキレがあると言っています。

たとえば、同じスライダーでも投げた瞬間から曲がるスライダーもあれば、真っすぐ飛んできて、あとで曲がるスライダーもありますが、あとから曲がるボールのことを〝キレがある〟と言うことが多いです。キレというのは、回転数が関係していると思います。
巨人の斎藤（雅樹）君の投げるストレートは、本人は真っすぐ投げているつもりらしいのですが、ボールがバッターに近づいたときに、ピッと曲がるんです。これを〝真っスラ〟といいますが、これもある意味キレがあるのかもしれません。斎藤くんの〝真っスラ〟は、左バッターが打とうと思って振ろうとしたらベースから数メートル手前から曲がるので、打っても詰まってしまいます。だから、キャッチャーの村田（真一）さんもよくパスボールしていました。
僕もオールスターゲームで斎藤君のボールを受けたとき、これはかなり大変だろうなと思いました。

上田　そんな手元までわからないものですか。

古田　捕ることだけに専念していれば問題ありませんが、ボールの軌道は見えているので、どうしても油断してしまいます。
ボールをきれいに捕ろうと思ったとき、ミットを少し前に出しますが、そのとき、シュッて曲がったら、もうすれ違ってしまうんです。〝曲がった！〟って感じでミットをサッと動かすのも美しくありませんし、本当はボールが曲がるラインに沿ってミットを出して捕らないといけません。

バッターは、ピッチャーからキャッチャーまでの距離、18・44メートルの半分くらいで、打つか打たないかを判断していたり、または最初から予測して打ったりしていますが、斎藤君の真っスラは、ラスト3分の1ぐらいで曲がるので、そうそう打てません。

なぜ、ひねり系の球種を覚えると、以前のストレートに戻せないのか？

上田　先ほどお話しした、落合（博満）さんが以前のスイングに戻せなかった話のように、ピッチャーで、もう自分のフォームが戻らなくなったっていうことはありませんか。

古田　そうですね、ピッチャーのほうがあるかもしれません。ピッチャーの多くは、高校のときや大学のときのピッチングが一番よかったと、よく言っています。実際スピードもプロに入ってからのほうが遅くなったピッチャーもけっこういます。

上田　それは、新しい球種を覚えようとしたら、元のストレートが投げられなくなったということですか。

古田　それはあります。本当に微妙な話ですが、ひねり系の球種を覚えてしまうと、ストレートのときは外側に切らなきゃいけないのに、微妙な精度がわからなくなってしまうことなどはあります。ストレートのピッチャーが新たにフォークボールを覚えるのは大丈夫ですが、ひねるボールを覚えたときに、そういうことを言うピッチャーはいますね。

上田　なるほど。

古田　ストレートを投げるとき、腕は最終的に外側へ向くようにひねります（写真1）。そして、スライダーの場合、イメージ的には内側へひねると思いがちですが、実際は、ストレートと同じで、最終的には外側にひねって投げるんです。でも、リリースするとき一回ひねってから外側に切るようにひねるので、これを覚えるとリリース時の動きがおかしくなると聞いたことはあります。

写真1／ストレートを投げるときは、腕を外側へ向くようにひねる。

上田　じゃあ、さんまさんと俺が思った、天然ボケ1年から突っ込みに戻れるだろうっていうのとは、全然違うんですかね。

古田　人によるかもしれませんが、僕は違うと思います。

プロはストライクゾーンが狭い

古田　ピッチャーというのは、18メートル以上向こうにある的に正確に投げなくてはいけないので、相当難しい技術が求められます。投げたボールが1個外れたくらいで甘くなったなどと言われるくらい厳しい世界です。キャッチャーの要求通り投げられる人はいいですが、そこまで精度が高いのは、プロといえどもそれほど多くはいません。正確に投げなくてはいけないというストレスがかかってくることで、ベストの投球フォームに戻れなくなる可能性はあります。ちなみに、プロのストライクゾーンはアマチュアのストライクゾーンよりも狭いんです。

上田　そうなんですか。

古田　はい。じつは、プロのピッチャーの中には、その狭さに対応できない選手もいます。

ボールは、外にいけばいくほど曲がりますが、アマチュア時代、キレのあるスライダーを投げるといわれていた投手がプロになって実戦で投げると、それが全部ボールになってしまうことがあります。

当然、プロのバッターはみんな見逃すので、結果、全部ボールになってしまいます。だから、ボール1個分、中に投げないといけません。でも、そこへ投げると曲がりが小さくなってしまいます。しかもプロは、おしなべて選球眼がいいので、さらに苦しくなります。

だからアマチュアの頃は、ことごとく空振りしてくれたボールが見逃されてしまうのです。ソフトバンクの東浜（巨《なお》）君なども、アマチュア時代は無敵でしたが、プロになりたての頃は苦しんでいました。

上田　たとえば、大学時代、スライダーがすごくキレていたと。それで真ん中目がけて投げたら、外角低めにすごいスライダーが来ていたとするじゃないですか。それがプロではボールになるんだったら、真ん中よりややインコースにボール1個分ずらせばいいんじゃないのって思っちゃうんですけど、そういうわけにはいかないんですか。

古田　それだと先ほど話したように、中（内）に投げると曲がりが小さくなってしまいます。

上田　立つ位置を変えてもダメなんですか。

古田　スライダーを投げるときは、すでにプレートの一番端にいますから、それ以上端には行けません。プレートの真ん中のほうで投げる場合は、いったんボールを外に出さないといけないので余計曲がりません。

アマチュアのときは、ストライクゾーンが広いので、プレートの真ん中から投げたボール球も振ってくれましたが、プロではそれも振ってくれない……、ならばとボール1個分中に入れても振ってくれないので、2個ぐらい中に入れないといけないイメージになってしまうわけです。結果、見逃されたり、ど真ん中に投げて打たれてしまうピッチャーは、プロになりたての頃にはけっこういます。

フォークボールを投げるコツ

上田　さっき伺った、キレのあるボールっていう意味でいうと、たとえばスライダーを手元で曲げるとか、もっと手前で曲げるっていうのは、調整はできないものなんですか。

古田　多少イメージはできても、投げ方は変わりません。たとえば、フォークボールを投げるピッチャーはリリースポイントを高くして、切るように投げないといけません。大魔神（佐々木主浩）や上原君などは、どう見ても上からポンッって感じで投げています。フォークボールは粘らず高いところで切って投げたほうが落ちるんです。

リリースポイントの高いところでボールを離さず、肘を長く使って投げるピッチャーはかなり多く、そういうピッチャーは、切るような投げ方でフォークボールを投げることならできると思います。ただ、リリースポイントが低いため、大魔神や上原君のフォークボールのようには大きく落ちません。

なぜ、今のピッチャーは膝がマウンドに付かないのか？

上田　昔、マウンドに膝が付くピッチャーってよくいましたけど、今はいないじゃないですか。あれってマウンドの高さとか関係あるんですかね。

古田　昔は、踏み込む足の歩幅を広くして投げていましたが、今は、沈み込んだら損という考え方で、歩幅が狭くなってきました。膝を付けて投げていたのは、おそらく、巨人の桑田君ぐらいまででしょうか。

上田　江川（卓《すぐる》）さんとかもけっこう右膝が付いてましたからね。

古田　以前のマウンドが高かったのも原因だと思いますが、沈み込まずに、足の筋力を使ってちょっと高めで投げるのが、今の理論です。

上田　以前は、なるべくバッターに近づいて投げたいという意識が強かったんですか。

古田　そうですね、昔は前の足を曲げて押し込むように投げるほうが力が入るとよく言われていました。今は、前足を突っ張り気味にし、勢いを止めることで腰の回転を速くするほうが力が出る、という考え方が主流です。

以前は、ボールをリリースする瞬間に体重をかけて投げるピッチャーが多かったんですが、今は、リリースの瞬間に切ったほうが手が走るという考えです。ボールを投げたときに体が前に突っ込むのではなく、ボールを切る感じでリリースして、体が後ろ方向に戻るイメージです。実際は勢いがついているので、体は前に行きますが。

上田　右ピッチャーは左足で突っ張っていることが多いですね。

古田　はい、最近はこの投げ方をするほうがいいと言われています。突っ張ったほうの脚のもも裏の筋肉を使ってバーンと弾いたほうが力が出ると言われています。たとえば、上原君もその投げ方で肉離れを起こしていました。

上田　要は、極端に言うとバッティングのツイスト理論みたいなものですか。逆の動きをしたほうが、バットが走るっていう。

古田　そうですね。

なぜ、キャッチャーは、打たれた球種を覚えておくのか？

上田　以前、江川（卓）さんにコントロールについて伺ったのですが、ブルペンだったら、キャッチャーが構えたところに、10球中9球ぐらいは投げられるけど、試合になると6球から7球くらいに精度が落ちるとおっしゃっていたんですが、そういうものですか。

古田　個人的には、たいていのピッチャーは6球も7球も構えたところに来ないと思っているので、そこまでの精度もないと思っています。野球のストライクゾーンを9分割にしたチャートがありますが、僕は4分割ぐらいしか考えていないので、比較的許容範囲は広いです。ただ、江川さんの場合は、9分割で考えているので、ものすごくレベルが高いです。

上田　ということは、コントロールで勝負するピッチャーじゃないときは、スライダーを要求してるけど、真ん中あたりに入ってくる可能性があるからと保険をかけて、構える場所を少しずらそうとかはしないんですか。

古田　それは一部のピッチャーに対してです。たとえば、入来《いりき》（智）君みたいなピッチャーは、力むとだいたいシュートして、右バッターのインサイドに行きます。ただ、インサイドのサインを出すと、バッターに当てたらいけないとか、ボールがよく抜けるからバッターに対して悪いと思って、加減して投げてしまうので、インサイドにボールが来ないです。そういうピッチャーには外に構えて、思い切り投げさせますが、本当に一部のピッチャーです。

上田　そんなに保険をかけるわけではないんですね。

古田　野球はカウントがどんどん変わっていくので、セカンドプラン、サードプランは常に持ちながら臨んでいます。たとえば、この変化球はタイミングが合っているからやめよう……みたいにちょっとずつ修正をしていきます。

上田　よくピッチャーとキャッチャーって、登板前日に、初球はまずこれを投げてとか、9回までこんな感じで投げれば抑えられるなってイメージしながらシミュレーションするといいますが、実際どうなんですか。

古田　いや、プレーボールの1球目をどうするかぐらいを考える程度です。

というのも、ピッチャーの中にはプレーボールの1球目は打たれてもいいから、たとえば〝ストレートを投げたい〟と考えるタイプもけっこういるので、そういうピッチャーに変化球を要求したら悪いなと思っていました。

僕の場合、以前に対戦したデータをチェックして、こういうふうに抑えたとか、こういうふうに打たれたといったことを勉強しました。レギュラークラスのバッターであれば、何回も対戦しているので、このピッチャーのスライダーで三振したとか、以前どうやって抑えたかは覚えています。

ほとんどのバッターは、今度はそのスライダーを打ってやろうと考えています。今度はやられないぞと。つまり、キャッチャーは前回抑えた球種を覚えておく必要があります。たとえば、前回あのバッターには、ピンチのときにスライダーで三振を取ったということは、次はスライダーを狙ってくるだろうなと考える。そして、行くふりだけして違うボールで勝負をする。

上田　なるほど。

古田　こう対応すると、このバッターは自分がやられたことをすごく悔しく思ってやり返してやるぞと思うタイプの選手かどうかはわかります。ただ、そういうことも全然関係なく、右ピッチャーならストレートを狙う、左ピッチャーなら、カウントがよければ常にインコースを狙う、追い込まれるまではストレートを狙いながら変化球も打つなど、何かしら自分のポリシーがあるバッターもいます。だから、そういうバッターに対してこちらがいろいろ考えて裏をかいて攻めて、打たれてしまうケースがあります。つまり、バッターそれぞれの特徴をしっかりチェックします。

やり返したいと思う選手は、キャッチャーからするとセオリー通りで、バッターの8割ぐらいはこのタイプです。残りの2割は、あまり考えていないか、先ほど話した自分のポリシーがあるタイプなので、そういうタイプには裏をかかず、もう一度同じ攻め方をします。たとえば「あの人はストレートが得意で待っている」というような考えです。そうやって何回も戦っていきますが、それを細かくチェックしているのはピッチャーではなくキャッチャーです。

上田　以前対戦したときのことはどのように思い出すんですか？

古田　自分のメモなども見ながら、一つ繙《ひもと》けばだいたい思い出せます。データのチェックは、打順が前の選手は基本的に塁に出ることしか考えていないので必要がなく、主力選手だけをチェックしました。特に3〜5番バッターはホームランバッターが多いので、どうやって打たれたのかは、必ずチェックして覚えていました。

よく〝全員のバッターの全球を覚えてますか〟と聞かれますが、全球を覚えることはあまり重要ではありません。各チームの主力に対して本当に大事なところでどうやられた？　というようなことを覚えておく必要はあります。たとえば、大事なところで反対方向にヒットを打ったバッターがいたら、彼にとってそれは成功体験になっているので、同じようなシチュエーションが来たら警戒する必要があります。

世の中に中距離ヒッターは存在しない

上田　たとえば、古田さんが打者で、相手のキャッチャーが、新人でその選手のリードの傾向などがわかっていなかったら読みにくいですか？

古田　その場合のキャッチャーは、ベンチの指示通りの配球をしますから、逆に読みやすいです。キャッチャーは、試合前のミーティングで配球について細かく教わったことをその通り実行しますが、ベテランになってきますと、教わった通りではなく、自分で勝手にリードします。僕もプロになりたての頃、同じようなことを習っていますので、習った通りにやらないとコーチに怒られます。

上田　なるほど、それはそれで読みやすいんですね。たとえば谷繁（元信）さんとかだと、裏のかき合いみたいになりますか？

古田　そうですね、レギュラーが約束されているキャッチャーだとそうなります。

チームによっては、監督とかコーチがキャッチャーに対してきつい場合があります。野村（克也）監督は、もちろんきついタイプの監督で、阪神の監督をしていたとき、当時のレギュラーキャッチャーは矢野（燿大）君でしたが、彼はすごく真面目なので、野村監督の言うことはちゃんと聞きます。だから、どう攻めてくるかが読めました。この場面だったらアウトコースに投げるだろうと。

上田　野村さんが阪神の監督をしていたときは、ヤクルトとしては戦いやすかったりするのですか？

古田　いやいや、それは僕だけの気づきです。

上田　じゃあ、ほかの選手はそこまで気づいていなかったんですか？

古田　そうですね。

上田　ブハハハッ！

古田　まあでも、僕くらいだと思います。ピッチャーもミーティングをしていましたが、多くは断片的に覚えている程度だと思います。僕は入団してから3年近く、ずっと野村監督の横に付いていて、試合中、ずっと怒られながら聞かされていたので、考え方はわかります。

たとえば、こういうときは無難に外へいけとか、こういうときなら無難じゃやられるとか。僕は試合に使ってもらわないといけませんから、最初は言われたことに対して忠実にやっていました。なので、僕は野村監督から言われたことはだいたい頭に入っていましたし、ちょっとでも確率の高いやり方を模索していました。

上田　宮本（慎也）さんも古田さんみたいなタイプではないのですか？

古田　宮本君は、配球を読むというよりは、〝分相応に生きる〟ことを意識してやっていました。

上田　それはどういうことですか？

古田　野球は、ホームランバッターとかヒットを量産するバッターとか、バントがうまいとか、いろいろな役割があるので、自分に合った役割に徹したほうが、生き残ることができるということです。そういった意味では僕も〝分相応に生きる〟タイプです。

よく、長距離ヒッター、短距離ヒッター、中距離ヒッターとかいいますが、野村監督に言わせると、中距離ヒッターなんて世の中に存在しないんです。たとえば、よく二塁打を狙うとか言っていますが、そもそも二塁打は狙って打てるものなのかっていうのが野村監督の考えで、確かにその考えは一理あります。

ホームランバッターというのは、ミスショットしてもセンターフライならOKなのです。しかし、ホームランバッターではない宮本君とか僕みたいなタイプは、芯に当たらないかぎり、そこまで飛距離が出ません。だから、最初からライナーで内野手の頭を越すとか野手の間を抜くっていうのを狙った結果、ゴロになったり、フライになったりします。つまり、タイプによって最初の狙いが違います。この中間なんてないんだというのが野村監督の考えなのです。低めを狙って打っても間を抜けたら二塁打になることもありますし、ホームランを狙ったらミスショットして二塁打になることもあるわけですから。だから自分は短距離ヒッターなのか長距離ヒッターなのか、どちらかに徹したほうがいいのです。

野村監督に「お前はどっちだ？」と聞かれて、「短距離です」と答えて、僕とか宮本君は、基本的にはセンターを中心に広角にライナーを打つように意識して、芯をくったらホームランも打てるようなバッティングを心がけていました。

宮本君は、特に2番を打つことが多かったので、バントだけではなく、なんでもやれるということに特化していました。彼の場合、野村監督からはバッティングについて教わったのでしょう。僕の場合は配球、いわゆる守備を教わって、それをバッティングという攻撃に活かしていました。

ですから、野村監督からは「お前、バッティングはこうしろ」とは言われませんでした。僕はキャッチャーとしての抑え方をずっと教わってきたことで、キャッチャーの立場がわかるようになったので、それを自分がバッターボックスに立ったときに活かしてきました。

キャッチャーで一番大事なのは盗塁を刺せる能力

上田　キャッチャーに必要な条件でいうと、何が一番優先されるのですか。

古田　まず、領域を2つに分けたとしたら、一つは技術面。もう一つはいわゆるコミュニケーション能力です。たとえばリードも含めて、考える力とかピッチャーとうまく話せるかとかも含めてです。どちらが大事かと言えば、はっきり言って技術です。

なぜかというと、技術が高くなればもう一つの領域（コミュニケーション能力）を凌駕することがあるからです。たとえば、コミュニケーションをうまく取れなかった先輩ピッチャーでも、こっちがよく打って、盗塁をバンバン刺したら、向こうから歩み寄ってきてくれます。

逆に、コミュニケーション能力のほうだけが高いキャッチャーですと、試合に出てもヒットを打ちません。盗塁も許してばかりになるので、みんなが離れていきますし、あいつとは組みたくないと思われてしまいます。

技術の中で何が一番大事かと言うと、盗塁を刺せる能力です。ピッチャーが一番嫌がるのはランナーが出たときにすぐ盗塁されることなのです。なぜなら、牽制をしなければいけないですし、クイックで投げなくてはいけないからです。

上田　なるほどー。

古田　ですから、ピッチャーからすれば、盗塁を刺してくれるなら、牽制もクイックもしなくていいし、安心してバッターに集中できます。そう考えると、あえて優先順位をつけなければいけないとしたら、肩の強さが一番です。

2番目は、止めることを含めたキャッチングです。ピッチャーに低めに投げてほしいと伝えても、ボールを後ろに逸らしていたら、「低めに投げてと言ったじゃないですか！」と言われてしまいます。ちゃんとブロッキングできて、なおかつしっかり捕れるキャッチャーは、ピッチャーが喜ぶでしょう。際どい球を審判に「ボール！」と言われても、ミットがパーンッと音を立ててキャッチャーが、うまくキャッチングしてくれると、ピッチャーも気持ちいいです。それも含めて技術です。もちろん、バッティングの技術も大切です。

上田　盗塁を刺す能力、そして捕る技術やバッティングってことですね。

古田　チームによってはバッティング技術が優先される場合もあります。

キャッチャーは叱咤激励型と応援隊型の2タイプ

上田　僕は、自分がリアルタイムで見てきたキャッチャーの中では古田さんがナンバーワンだと思うんですけど、古田さんからご覧になって、いいキャッチャーだなと思った方はいますか？

古田　うーん、誰かな……。

上田　自分よりって意味じゃなくてですよ。

古田　ええ。ちなみにキャッチャーは、ピッチャーをリードする叱咤激励型と、応援隊型という2タイプに分かれますが、僕は応援隊のタイプなんです。ヤクルトのピッチャーに対して工夫しながらやってきました。野村監督もまさに同じ応援隊型のキャッチャーで、南海（南海ホークス）時代も弱いチームをなんとか強くしようと、一生懸命ピッチャーに寄り添っていました。あとは阪神の矢野君なども応援隊タイプですね。

叱咤激励型でいえば、谷繁君とか城島（健司）君とか、阿部（慎之助）君も含まれます。言うことを言うし、ピッチャーに返球するとき、感情をあらわに、ものすごい勢いで投げたりしています。これも力を引き出すという意味では一つの方法です。とはいえ、はっきりとは言えないのですが、ある程度どちらが強いというのはあると思います。どちらのタイプが正解なのかは、正直いまだにわからないです。

上田　ピッチャーの性格によっても、合う・合わないがあるんでしょうね。このピッチャーにはビシッと言ったほうがいいとか。このピッチャーには寄り添ってあげたほうがいいとか。

古田　はい、あります。ピッチャーには個性的な人がいっぱいいますからね。

自己流のキャッチングを貫いた現役時代

上田　たとえば、キャッチングはうまいなと思ったキャッチャーとかいますか。

古田　うーん、みんなそれぞれうまいですからね。

上田　各球団のレギュラークラスになると、キャッチングもだいたい同じくらいのレベルなのですか。

古田　キャッチングに対する優劣の考え方が人によって違う場合があります。僕は、肘を使って下からパーンと捕球したほうがきれいに見えると思ってずっとやっていますし、ミットが動かないようにバチンッと止めてキャッチングしたほうがいいと考える人もいます。僕からすれば、捕球前にミットを動かさないまま捕球したら、ミットが下がってしまうと思うのですが。ですので、どっちがうまいかどうかとかは、ピッチャーによります。

僕がなぜ、自分流のキャッチングをしていたかといったら、ピッチャーにそのキャッチングがいいって言われたからです。今、メジャーリーグでも、下から捕球するのが主流になりましたからね。昔は、捕球してからミットをちょっとでも動かしたら、動かしたということはボールだったんだろうと思われて、審判にボールと言われていました。

捕球するときはミットを止めろと言われますが、ピッチャーが投げてから

0・4秒くらいでボールが飛んでくるので、実際に止めるのはミットの重量やボールの重量もあるので難しく、どうしてもミットは外へ流れてしまいます。

一番下手といわれるキャッチングは、ストライクゾーンで捕球したのに、一度外へミットが流れてから戻す動きです。このキャッチングだと、ストライクなのにボールに見えてしまうのです。だから僕はボールの軌道を先回りして、外側にミットを持っていってから捕球時に内に入るようにしていました。

上田　現役時代、古田さんみたいなキャッチングをする人ってあんまりいなかったんですか。

古田　はい、僕だけだと思います。当時の教え方は違いましたし、僕が言うことを聞かなかっただけなので。

上田　そうですか。自分以外のキャッチングの仕方は、ちょっと違うんじゃないっていう観点で見ちゃいますよね。

古田　子どもの頃に教わったのは、肘を支点にしてミットを扇のように使いなさいというものでした。人差し指がだいたい12時を向くようにミットを構えて、脇も締めていれば、9時の方向でも3時の方向でもキャッチングできるといった理論です。でも脇を締めたり12時にして構えていると、低めのボールに対してはどうしてもミットを上から下へ被せるような動きになってしまい、捕球後にミットが下がってしまうのです。下がったミットをまた上に戻さないといけないし、すごく難しいですよね。だから僕はいつも人差し指を2時くらいに向けて構えることを推していて、低めに来たらミットを下からポンッと持っていったほうがきれいに見えるよと言っています。それは、大学生ぐらいのときからやっていました。

上田　へえ、それは自分で考えてやられていたんですか。

古田　はい。捕球しやすいし、ピッチャーや審判の受けもよかったので。脇を極端に開ける必要はないのですが、リラックスして下からもいけますし、右バッターのインコースのときは脇を締めて捕球すれば問題ありません。

なぜ、ピッチャーのレベルでキャッチャーのリードは変わるのか？

上田　古田さんが現役時代も、リードの仕方が全然違うなっていうキャッチャーは多かったんですか。

古田　あまり人のことを研究していないので、なんとも……。

上田　たとえば、１９９２年と１９９３年に行われた日本シリーズで、ヤクルトと西武が戦ったときは、古田さんと伊東（勤）さんの対決だ、みたいな部分で盛り上がったじゃないですか。古田さんと伊東さんはリードの仕方が違うといったようなことが新聞記事になっていましたけど、実際、リードの仕方が違うなと感じたことはあったのですか。

古田　ヤクルトと西武の投手力を比較すると、西武がかなり有利でした。あれだけのピッチャーが揃っていれば、だいたいのコースに投げておけば冒険する必要はないです。

　僕の場合は、ヤクルトのピッチャー陣の球速がそれほどなかったので、インサイドを投げさせなくてはいけませんでした。逆に、球が速くていいピッチャーは、アウトコースに出し入れしていれば、たとえバットに当てられてもファウルになるので、狙うコースが偏っていてもかまいません。一方、球の遅いピッチャーの場合は、ストライクゾーンを広くリードして、バッターに、インコースもアウトコースも来るんだと思わせないと抑えることは難しいです。

日本シリーズで西武と対戦した当時でいうと、投手力はヤクルトのほうが低かったので、僕としては、秋山（幸二）さんや、清原（和博）君に対しても、ストライクゾーンを広くしてリードしました。

西武には、郭泰源《かくたいげん》がいて、工藤（公康）さんとか石井（丈裕《たけひろ》）さん、渡辺（久信）君とか錚々《そうそう》たる人たちがいたので、リードは楽だろうなと思っていました。後ろに3人、鹿取（義隆）さんと杉山（賢人）君、潮崎（哲也）君という三本の矢もいましたしね。

上田　そっかー。そうなると基本アウトロー中心の配球でいいんですね。

古田　そうですね、大ケガはしませんからね。打たれてもライト前ヒットくらいなので、それほど点は取られません。こっちは、岡林（洋一）君に負んぶに抱っこでしたから。彼はスピードがあまりなかったのですが、丁寧に投げるタイプのピッチャーだったので、いろいろ工夫しながらやっていました。

上田　負んぶに抱っこに肩車にお馬さん、くらいの感じでしたもんね。キャッチャーからすると、球の速いピッチャーのほうが楽なんですか？

古田　そうですね。ストレートでだいたいのところに投げればOKなので。キャッチャーの大命題は、カウントをどう取っていくのか、です。たとえば、2ストライクを取られると、どんなバッターでもそうそう打てません。ですから、第一関門、第二関門を突破したら、だいたい抑えられますし、ホームランも少ないです。ただ、この2つの関門を突破できないピッチャーがほとんどなのです。一方で、150キロ台でアウトコースに真っすぐ投げられるピッチャーであれば、見逃しで1ストライク、たとえバッターが振ったとしてもファウルになりやすいから第一関門を突破することができます。

リードというのは、基本的に第二関門を突破することなので、力でファウルを取れるのはすごい武器なのです。だからきっちり投げる必要はなくて、だいたいのところに投げればいいのです。

上田　ストレートがそれほど速くないピッチャーをリードして1試合終わったら、はー疲れた、頭使ったわ〜みたいな感じになりそうですね。

古田　そうですね。ただ、やりがいもありますから、面白いですよ。でも、球が遅くてコントロールもないのはダメです。

上田　球が遅くてコントロールも悪いピッチャーは、何もないですもんね（笑）。作詞・作曲できないシンガーソングライターみたいなもんですもんね。

プロ野球で残るピッチャーは「ぶち破る系」

上田　ヤクルトの石川（雅規）投手の場合は、ある程度自分で組み立てていくのか、それとも完全にキャッチャーに任せるよってていう感じなんですか。

古田　石川君は任せるほうです。変化球ピッチャーというのは相手に考えさせないようにテンポよく投げないといけないので、キャッチャーがどんどんサインを出さないといけません。キャッチャーのサインに首を振り、自分の投げたい球はこれだというタイプではありません。そういうことをするのはだいたい剛球のピッチャーです。

上田　古田さんが現役のとき、首振れのサインはありましたか？

古田　ありましたよ。ただ、僕はピッチャーに首を振ってもかまわないし、投げたい球を投げてほしいと伝えていました。若いピッチャーは、キャッチャーの僕がベテランなので、どうしても僕任せになっていきます。勝っても負けてもよくわからない間に終わってしまいます。もちろん、任せて安心っていう面はありますし、こういうときはこっちのほうが危険だよというキャッチャーの意図は理解してもらわないといけません。

たとえば、投げたい球があるからと首を振って、その投げたかった球を投げるなら、必死でやるはずです。なぜなら、キャッチャーのサインに首を振ってまで投げるわけですから。若い選手が自立するというのはそういうことではないでしょうか。

上田　ディレクターのカンペ無視するみたいなことですかね。

古田　そうですね、大事な場面で僕の出したサインに首を振って、それで打たれたら何を言われるかわからないと思うので、かなりの根性がいるでしょう。

上田　その一球はかなり入魂してるでしょうね。

古田　でもそれが大事なのです。内心で〝え～それ投げるの〟と思いながら言われるままに投げたとしても、どうせ打たれますから、気持ち込めて必死で投げるのが大事なのです。

ピッチャーには、ピンチになったら、なんとか脱するためにかわそうとするタイプと、ぶち破ろうって思うタイプがいるのですが、プロ野球で残るのは「ぶち破る系」です。変化球を投げても「ほら、振れ」と思って投げるか、「甘いところ行くなよ」と投げるかで、だいぶ違います。首を振りたかったら振って、必死になって投げるのが大事なのです。

落合さんに学んだ、審判との駆け引き

上田　すごく基本的なことなのですが、２ストライクに追い込まれてからの打率が低くなるのは、それだけいろいろ考えちゃうからなんですか。ファーストストライクのときほど気楽に打てないからなんですか。

古田　狙い球を絞れないということと、三振してはいけないという心理などが考えられます。三振しないためには、あれが来るかもしれない、これが来るかもしれないなど考えつつ広く待っているので、なかなか打てません。

上田　２ストライク取ったら、もうほぼもらったなみたいな感じというのはキャッチャーの中にはあるんですか？

古田　あります。仮に打たれてもライト前ヒットとかなので、大したことにはなりません。だから三振してもいいと考えている選手は困ります。外国人選手とかおかわり君（中村剛也）とか山川（穂高）君などは、平気で三振するじゃないですか。つまり、２ストライク取っても甘く行ったらホームランを打たれてしまうのです。

でも、チーム内でホームランを40本打ってくれれば、三振してもいいよ、というのが許されている選手はあまりいなくて、２ストライク取られたらなんとか粘って、バットに当てる選手がほとんどです。だから三振よしで振ってくる選手のほうが怖いです。

上田　2ストライクに追い込まれたとき、たとえば王（貞治）さんとか落合（博満）さんがギリギリのコースをバーンと見逃したら、これは王さんが見逃したんだからボールとか、落合さんが自信満々に見逃したってことはボールだろう……みたいな逸話を聞いたりするんですが、逆にキャッチャーとか審判との駆け引きみたいなのはあるんですか。

古田　僕は仲良くしていました。でも、本当のことを言うのが一番です。これは落合さんに学びました。〝本当のことを言えば、審判の信頼を得る〟ということです。落合さんは、審判ともものすごく話します。何を話しているかというと、ピッチャーの投げたボールが1個分外れていたとすると、審判が「ボール！」と言う前に、「今の一つ外れてるよな」って言うのです。それに対して審判は何も返しません。キャッチャーの僕も落合さんよく見えているなって思うじゃないですか。そのあとコースギリギリのストライクを見逃したときは、落合さんは「今のはいっぱいいっぱいだな」って言います。そうしたら審判もいっぱいいっぱいと思いますし、僕も「よく見えているな、さすがだな」と思います。

たとえば、審判が1個分くらい外れた球を、勢いでストライクって言ってしまうときもあるのです。すると、普通のバッターは「今のボールでしょ」って怒ります。でも、落合さんは違います。「なんだ、今日はあそこまで取っているのか？」と審判に言うのです。もちろん、ボールだったのはみんなわかっています。そのあと、カウントが追い込まれ、落合さんがすごい甘い（打ちやすい）球を見逃しても、審判は「ボール」と言います。なぜなら、落合さんは見えているからと審判は判断するからです。ほかの打者は文句を言いますが、落合さんだけは常に正解を言います。だからヤマが外れてストライクの球を見逃しても審判はボールと言います。ですから、〝王さんボール〟とか〝落合さんボール〟とかよく言われますが、それは存在します。

上田　あ、そうなんですか。

古田　選球眼のよさをどうやって審判に植え付けるのかが大事で、だから落合さんは常に正しいことを言っていました。キャッチャーも、たとえ際どい球をボールと言われても、「今のストライクでしょ！」と言ったらダメなのです。「よく見えてますね、さすがです」というような、言うか言わないかは別にしてそういう心持ちが大切なのです。審判は、キャッチャーに騙されるまいと思って身構えているので、文句ばかり言っていると、本当はストライクなのに、「ボール」と言われてしまいます。ボール1個分外れていたら、「ボールですよね、ボール1個外れてますよね」と確認していれば、際どい球はストライクと言ってくれます。

上田　古田さんはそういうコミュニケーションを取っていたんですか。

古田　はい、やっていました。たまにピッチャーがボールって言われたとき、不服そうな表情を見せるときがあります。でも、キャッチャーが先に「今のは半分外れてますよね」と、本当のことを言わなくてはいけないのです。それをピッチャーと一緒になって「今のはストライクでしょ！」と言ったら、審判だってイラッとするわけです。
上田　それをやってもプラスはないわけですね。
古田　はい。審判に従うという意味ではなくて、こっちもわかっていますよという意識でやることが大切です。
　たまに若い審判の方が、ストライクのようなコースをボールと言ったとき「いや、今のは入っているよ」と言ったら、「ですよね、すみません」って言われたことがありました（笑）。
上田　それくらいの優しい口調で言えばいいんですね。でも、〝落合さんボール〟のせいで、絶対ストライクなのにボールって言われて、いやいや……。
古田　ものすごく言いました。「ど真ん中やないですか！」と言ったら、審判に「うるさい！」と言われたこともありました。
上田　ブハハハッ！　そのときの落合さんはニヤニヤしているくらいなんですか？
古田　堂々としてましたよ、「低いな」とか言っていました（笑）。

上田　バッターとキャッチャーと審判の駆け引きは面白そうですね。

古田　ええ、駆け引きはたくさんあります。僕は落合さんにいろいろ学びました。

プロ野球は、キャッチャーのささやき戦術が存在した!?

上田　古田さんは、野村監督のささやき戦術みたいに、バッターに対していろいろ話しかけたりしていたんですか。

古田　いや、してないです。

上田　聞いた話では、野村監督のささやき戦術は、張本（勲《いさお》）さんと王さん、長嶋（茂雄）さんの3人には通用しなかったらしいです。張本さんには、「銀座の女とはどうなってんだ?」って言うと、カッカして逆に集中力が高まって打ってしまうと。王さんには、「ワンちゃん、あの銀座の女とはどうなってんだ?」と言っても、集中力が高すぎて聞こえていないんですって。長嶋さんに「お前、銀座の女とはどうなってんだ?」って言ったら、「タイム!」と言って

「あのあとさ～」って話し始めたらしいです。野村監督は、「長嶋に話しかけても無駄だ」って思ったとか。現代野球では、そんなことはないんですかね。

古田　広島の達川（光男）さんはずっとしゃべっていましたが、おそらく達川さんくらいで終わりだと思います。

上田　古田さんがバッターボックスに立ったとき何を言われましたか。

古田　けっこう怒っていました。たとえば、前の広島の攻撃時、バッターにインコースを投げたあと、ヤクルトの攻撃で僕がバッターボックスに立つと、「お前、あれ、本当は当てようと思って投げたんだろう」とか言われました。それにしても、野村監督の話って、きれいに話ができすぎですよね。

上田　誰かがつくった話だとは思うんですけどね。

古田　でも、本当に銀座とか行くのかなと思ってしまいます。もし行っていたとしても、同じ店に行くわけではないでしょうから、なかなか情報なんて取れないはずです。

最初の2、3歩が速くて刺しにくかった阪神の赤星選手

上田　古田さんが現役の頃、ピッチャーのクイックが苦手だったら、盗塁を刺しづらかったこともあると思いますが、刺しにくかったランナーは誰ですか。

古田　赤星（憲広）君です。僕が引退間近だったっていうのもありますけどね。

上田　やっぱり速かったですか？

古田　はい。到達時間は、ほかの足の速い選手とそれほど変わりませんが、最初の2、3歩が速いです。巨人の鈴木（尚広《たかひろ》）君も同じタイプの速さでした。ピッチャーが投げたボールがキャッチャーに到達するまで1・何秒か、かかるのですが、捕球して投げようとしたとき、普通のランナーより、だいぶ前を走っています。すると、キャッチャーは〝低い球で投げなきゃ〟と思い、焦って投げてしまうのでストライクの送球ができません。僕の場合は、中間の走塁が速いランナーより、最初の2、3歩が速いランナーのほうが嫌でした。いつもなら、ランナーが走ったらこういう動きをすればだいたいストライクで送球できると、体に染み付いているのですが、見える風景が少し違うだけで焦ります。

もし、キャッチャー古田がバッター大谷翔平と対戦したら？

上田　今、もし古田さんが現役のキャッチャーで、ノーアウト満塁というピンチの場面で大谷（翔平）選手がバッターボックスに入ってきたとすると、どうやって抑えますか。

古田　もう祈るしかないです。

上田　大谷選手でも、ここに投げておけばとりあえず大丈夫だろうっていう〝穴〟はあるんじゃないですか。

古田　センター方向に打たれるのが長打になりやすいので一番危ないですが、〝ボールを引っかけてゴロになって〟と祈るだけです。ソフトバンクの柳田（悠岐）君と一緒で、ボールにトップスピンがかかってしまうのでゴロになりやすいのです。

上田　狙いはインコースですか？

古田　最終的には、インコースの落ちるボールがいいと思います。それを引っかけさせるためにどこかで速いボールを投げることは考えます。とはいえ、ピッチャーの質とか能力もありますから、そこそこいけるピッチャーなら抑えられるという感じでしょうか。

もし、キャッチャー古田がバッター村上宗隆と対戦したら？

上田　では、村上（宗隆）選手と対戦するとしたらどうやって打ち取ります？

古田　難しいです。ピッチャーにもよりますが、ダメなピッチャーなら「お前には無理だ」と言います。

上田　ハッハッハッ！　お前じゃ抑えられないと。

古田　振ってくれと祈り、ボール球を投げてほしいと。

上田　内角も外角もどこに投げてもけっこう厳しいですか。

古田　ピッチャーが持っている球種や、球速にもよります。たとえば、150キロ以上のストレートが投げられるピッチャーならインコースにズバッと投げさせるでしょうし、速いストレートがなくて変化球しかないピッチャーであれば、アウトコースの低めで引っかけさせるしかないです。

基本的に、ホームランバッターというのは、自分のホームランゾーンがあって、いつでもホームランを打ちたいと考えています。だから、そのホームランゾーン近くに投げるふりだけして投げないっていう作戦にはなるかもしれません。

たとえば、ホームランバッターが真ん中高めを打つと考えた場合、ずっと低めばかり投げていると大事なところで狙われてしまうので、高めに行くふりだけはしないといけません。チャンスがあるときに、相手が〝振ろうかな、ちょっと高いな〟って思うぐらいの、ボール1個分低ければ打てたのになって思うようなところにがんばって投げれば、このピッチャーは勝負しようとしていると思います。それならバッターは振ってきますので、その気持ちを察知して、フォークボールなどで落とすなどしてゴロを打たせる作戦を、ピッチャーによっては実行します。

ただ、そういうことをやってもばれてしまいます。巨人の松井（秀喜）君などにもやりました。彼が3年目くらいまではよく引っかけてくれましたが、4

年目くらいからはばれました。このカウントでこれは絶対来ないよねっていうのがばれてくるのです。松井君との対戦は本当に面白かったです。

上田　何が面白かったんですか？

古田　対戦中、たまに僕の顔を見て笑うんです。たとえば、ストレートを投げるようなバッティングカウントにしておいて、実際はフォークボールとかを投げます。そうしたらスイングせずに、じっと僕のほうを見て、「ですよね」みたいな表情をしていました（笑）。

上田　ハハハハッ！　なんかいいですね、プロ同士の無言のやりとりって。

古田　松井君はけっこう表情を顔に出していました。ときには悔しい顔もしていました。松井君も、最初の3年目くらいまでは空振りも多かったのですが、5年目くらいには完成され、ゴジラになっていました（笑）。

キャッチャーは言い訳してはいけない

上田　古田さんがキャッチャーでボールを受ける場合、ボールは速いけどコントロールはアバウトなピッチャーと、自分が構えたところにビシビシ投げてくれるピッチャーがいた場合、どっちが楽しいですか。

古田　100対0でコントロールのいいピッチャーです。

上田　やっぱりそうですか。自分のリード通りに投げてくれるほうが楽しいですよね。

古田　そうですね。自分の配球が完全にバッターに読まれて打たれたときでも、素直にごめんと言えます。狙ったところに投げられないのに、いざ打たれると〝キャッチャーのせい〟みたいな顔をしているときは、こちらはしょうがないから謝りますが、「いやいや、あなたです」と言うときもありました。

上田　そういうときは、古田さんが監督に怒られるわけでしょう。「お前、どこに要求してんだ」「いや、僕はアウトローを要求してましたけど、こいつがインコースに投げたんですよ」みたいなことは多々あるわけでしょう。

古田　それはね、言っちゃいけません……上田さん。

上田　ブハハハッ！

古田　言ったら、総スカンくらうんです。
上田　わかります。
古田　でも、中には抵抗するキャッチャーもいます。
上田　どういうことですか？
古田　たとえば、自分がミットを構えたところと明らかに違うところにボールが来てホームランを打たれたとき、構えたところにミットだけ残しているキャッチャーもいます。〝俺じゃないよ！　ベンチこっち見てる？　コーチも見てくださいました？〟というアピールです。構えたのに、ミットを残しながらホームランの行方を追っているのは、ベンチに対して、俺はそこに要求していないよというアピールです。この行為をプロのピッチャーはしっかり見ています。
上田　アハハ、そりゃマズイですね。
古田　特に、出たり出なかったりするキャッチャーがやります。
上田　面白いですね。キャッチャーの方の、俺はそんなとこ要求していないのに……という気持ちは、すごくわかるような気がしますよね。キャッチャーが怒られるわけですもんね。

古田　たとえば、野村監督は僕を目の前に立たせてよく怒ったんです。「古田っ！　ちょっと来い！　なんであそこでストレートのサインなんか出すんだ、スライダーだろ、ボケッ！」と。でも、打たれたのはスライダーだったりします。

球種というのは、テレビで見ているとよくわかりますが、ベンチからだとよくわかりません。だから本当はスライダーだったとしても、監督に真実を言ってしまうと、監督の顔も潰れてしまいます。でもベンチにいる選手はみんなプロですから、どちらが間違っているかわかるわけです。

上田　なるほど、監督が間違っている、古田さんかわいそうだなって。

古田　そういうシーンを見たピッチャーは、今度はあいつのためにがんばらないといけないないという気持ちになります。そのためにこっちはじっと反論せず怒られるわけです。

普通、試合に負けると、本来は監督に１００パーセントの責任があるはずが、半々の割合で僕が怒られていたので、そうしていくうちに、ピッチャーたちが僕を信用してくれるようになりました。

上田　野村さんも、あとで試合のＶＴＲを見返して、あそこスライダーだろって怒ったところが、実際はスライダーだったのか。古田は何も言ってこなかったな……みたいなことはあったのですかね。

古田　あんまりないです。僕も全然言い訳しませんでした。

上田　たとえば、ピッチャーが古田さんの要求通りに投げられなくて、カーン！　って打たれてベンチに帰って、古田さんが怒られていたら、あとで「古田さん、すいませんでした、僕のせいなのに」みたいなことを言われたことってありますか？

古田　わざわざ言いにはこないですが、たとえばロッカールームなどで言ってくることはありました。誰が言ってきたかは思い出せませんけど……。ただ、広澤（克美）さんが僕に「お前いっつも怒られてんな」と言っていたのはよく覚えています。

野村監督の教育は〝イエスマンになれ〟⁉

古田　野村（克也）監督のエピソードです。僕、社会人のトヨタ自動車出身なので試合後のミーティング中に、野村監督から「お前トヨタ出身やろ？」と、よく言われていました。たとえば、「お前は大卒だからこれぐらい知っているだろう」など、平気で言っていました。

ある日、社会人教育の話になったとき、監督に「古田、トヨタ出身やから社会人教育を受けてるやろ」と言われました。ちょうどバブルの頃でしたが、当時の社会人教育はイエスマンになるなという教えでした。イエスマンの社員ばかりが増えたら、組織は腐ってしまうと。だから組織を活性化させるには、たとえ下の立場であっても間違っていると思ったら、上に進言しなければならないという教育をトヨタ自動車で受けていました。

ある試合中、野村監督に怒られたとき、あまりに理不尽で間違ったことがあったので、「監督、お言葉ですが、監督はこう言いましたが実はこうなんです」と言ったら、野村監督が激怒しました。

上田　ブハハハッ！

古田　こっちは驚きました。僕、大卒でトヨタ自動車に入社して2年間働いて、そういった教育を受けました。そのあとでプロ野球の世界に入りましたが、プロには社会人教育はなく、あるのは野村監督の教育だけでした。

上田　1年目の話ですよね？

古田　はい、1年目の夏ぐらいのことで、その頃はもうかなり試合に出ていたので、チームのためにも、こうだと思いますと、はっきり言ったはずです。野村監督は大監督ですから、きっとわかってくれると思いました。しかし大変激怒されていました。ベンチに座っていたのに、いきなり立ち上がり、僕に向かって「お前は俺のなんだっ！」と言いました。突然なんだろう？　と思ってポカンとしていたんです。

上田　ブハハハッ！

古田　そうしたら、「お前は俺の部下だろうっ！」と言ったんです。続けて、「部下は、〝はい〟とだけ言っていればいいんだよ、何を学んできたんだっ」って。

上田　ハハハッ！　社会人教育ではイエスマンになるなって教わったのに。

古田　最後に、「〝はい〟だけ言っていればいいんだボケーッ」と言われました。僕はそのときに何を考えたかというと、トヨタという日本を代表する一流企業で受けた教育は正しいと思います。でもそれはトヨタのフィールドでのこと。プロ野球のフィールドでは、イエスマンであったほうがいいんだろうなと。

上田　ハハハッ！　切り替え早いなー。

古田　そうしなければ生き残れないなと思い、それからずっと2年ぐらいはイエスマンをやっていました。

上田　へえ。じゃあ4年目ぐらいからは、「いや、ちょっとこうじゃないですかね」的なことをおっしゃっていた？

古田　聞かれたらです。あれはどうなんだ？　と聞かれたら答えます。それまではでは「はい、わかりました」しか言っていません。

上田　1年目に激怒されたときは、しばらく試合に出してもらえないこととかはなかったんですか。

古田　それはなかったです。しかし、野村監督が阪神へ行かれてから、今岡真《ま》訪《こと》君が口答えして二軍に落とされたという話はあります。

上田　アハハハッ！

古田　口答えの度合いが僕よりすごかったんでしょう。野村監督に何を言ったんだろう？　と思いました。

上田　今岡さんに聞きたいなー。でも、きっと2年目、3年目ぐらいは、古田さんを怒っておけばチームがピリッとするだろう、みたいなところも野村監督にはあったんじゃないですかね。

古田　それは確かにありました。ヤクルトが優勝したのは、僕が入団して3年目のときで、4年目には日本一になりましたから、確かに強くなりました。

一番ボールを当てられていた古田敦也

上田　古田さんがオールスターゲームに出始めて、最初の1、2年目ぐらいの頃、怖い先輩はいましたか。たとえば、バッターボックスに立ったら威圧してくるような先輩とか。

古田　オールスターゲームのときはあんまり感じなかったです。僕が2年目でオールスターゲームに出場したとき、盗塁を3つ刺してMVPを獲りましたが、相手がオリックスの松永（浩美）さん、日本ハムの白井（一幸）さん、西武の秋山（幸二）さんで、歴代の盗塁王も刺したんです。オールスターゲーム終了後、家に帰って録画したビデオを見ていたら、盗塁を失敗した松永さんがインタビューを受けていて、「古田君の肩が強いから勝負してみたのですが、たまたま足が引っかかり、普通に走ったらセーフだった」と言っていました。僕はそこに松永さんの意地を見ました（笑）。

上田　アハハハッ。

古田　ビデオでそのシーンを見たら、引っかかっておらず、プロのそういう負けず嫌いなところはいいですよね（笑）。

上田　バッターボックスで、本当にたまたま当ててしまったデッドボールで、バッターに〝お前なにやってんだっ！〟って言われることはありますか。

古田　それはもうたくさんあります。90年代は、メガホン持って、行け、おら～とかそういう感じでした。

上田　古田さんにも言ってくるわけでしょう、「お前が要求したのか！」みたいに。

古田　当時はメガホンを持っていたので、僕が打席に入ると、対戦相手のベンチから「こらー古田っ！」と聞こえてきます。そしてちらっとベンチにいる監督を見たら、「こらどこ見とんじゃーっ！」って怒られました。

上田　ブハハハハッ。野村監督は、ヤジを飛ばしていたんですか。

古田　野村監督は、当てろとかは絶対言わなかったです。キャッチャーは、わざと当てると、あとでインコースのサインを出しにくくなるので、普通にインコースのサインを出せばいいんだよ、当たることもあるさっていうタイプでした。だから味方が当てられても報復はするなと言っていました。その代わり、胸張ってインサイドを狙えばいいと。もちろん当たってしまうことはありますが、わざと当てる必要はないという考えでした。

上田　古田さんが当てられたあと、ぶつけたピッチャーが次の回とかに打席に立つことだってありますよね。そのとき、当て返してやろうかなとか思ったりしなかったんですか。

古田　当てるピッチャーって、試合後半の1シーンだけ投げる場合が多いので、そもそもそう思う機会が少なかったです。しかし、試合が終わってから謝られたりすることはありました。

上田　相手はどんな感じで謝ってくるんですか。

古田　「古、ごめんな〜、監督が当てろって言うんだよ……監督が悪いんだから」

上田　クックックッ。

古田　自分と同世代のピッチャーが言ってきました。中には、すぐ当ててくる監督もいました。でも、当てられたからってひるんでてもしょうがないです。

上田　古田さんって、一番当てられているイメージですよね。

古田　一番多かったです。今配信しているユーチューブの番組でも各チームの人がそう言っていました。

上田　こういう言い方もあれですけど、古田さんが試合に出なくなったら、敵チームとしてはすごい有利に働きますからね。

古田　気持ちはわかりますけど、それをやってしまったらプロじゃないよねっていう話です。

上田　そうですよね。

プロ野球の監督の仕事は、選手にケガをさせないこと

上田　古田さんは、監督時代、ピッチャーを酷使しないように相当気を遣われましたか。

古田　はい、相当気を遣いました。監督の仕事の一番はそれです。プロ野球の

監督という仕事には男のロマンがあるなどとよく言われますが、実際に監督をやってみたら、もう選手のケガのケアばかりです。

上田　そうですか。

古田　たとえば、試合前日に、コーチに「あるピッチャーがちょっと足が痛いと言っています」と言われて、「投げられるの？」って聞いたら、「ちょっとわかりません」と。「えー！　じゃあ二軍に投げられそうなピッチャーはいるの？」みたいな想定外のことがよくあります。

「明日の先発ピッチャー、○○だけど、どう？」「いや〜調子悪いですけどどうしましょう？」「どういうこと？」など（笑）。

上田　なるほど、監督さんの一番の仕事は選手のケアなんですね。

古田　本当にそうです。ピッチングコーチに、この選手は2連投して昨日もかなり投げているから3連投はちょっと……などと言われたら、「そうか、じゃあ外そう」となります。仮にそのピッチャーに痛みがあった場合、その原因が疲れからきたものなのか、ケガからくる痛みなのかで、かなり違いがあります。

ピッチャーに「投げられるの？　投げられないの？」と聞くと、たいていのピッチャーは「投げられます」と答えるので、そこできちんと見極めないといけません。バッターにも「いけるのか」と聞いたら、ケガをしていても「いけます！」と言うはずです。でも、「痛いのか」と聞くと、「痛いです」って言いますし、「それってどうなんだろう？」という話になります。

そういったことを毎日毎日やっていました。試合に勝っていればいいですが、負けたりしたら、試合後、監督とコーチで真剣に「どこが悪かったのか」「ピッチャーの○○は使えないから二軍にするか」といった話ばかりになるので、うまくいっていない球団の監督は大変です。

上田　古田さんが監督のときは、ピッチャーの連投はどれくらいまで認めていたんですか。

古田　3連投まででした。プロ野球は、1週間に6試合あるので月曜日は休みで、火曜から日曜までの6連戦です。ということは、先発のピッチャーが6人いれば、中6日の登板間隔で回せるわけです。たとえば、火曜日に投げたピッチャーがまた1週間後の火曜日に投げます。ですから、先発ピッチャーが6人揃っているチームはいいです。ただ、どのチームも6人の先発を揃えるのはなかなか大変です。だから火曜日に投げたピッチャーが中4日の日曜日に投げてくれたら、今度（次回登板）の曜日が1日ずつ繰り上がります。そうすると先発ピッチャーは5人ですむわけです。

要はそういうピッチャーをローテーションに組み込んだりしていくわけですが、中4日で投げられないというピッチャーが火曜日に来ると、先発ピッチャーが渋滞するわけです。

監督は、そういうやりとりをずっとやらなくてはいけません。ただ、それを大幅に変えたのが、ヤクルトの高津監督です。中10日のピッチャーが2人くらいいたり、実力がないピッチャーでも先発起用して、5イニング投げたあとは、継投策で逃げ切るという新しいパターンを確立しています。

昔だったら、先発ピッチャーは、7回ぐらいまでは投げてほしいという感覚で、5回まででいいよという感覚はなかったです。でも、今のピッチャーは5

回で全然いいよという感じで投げているので、そういう意識を変えたのは、かなり大きいです。

とはいえ、ヤクルトには先発の柱になるようなピッチャーがそれほどいないので、打順の３巡目とか４巡目になれば打たれてしまうから、２巡目まででピッチャーを代えたほうが打たれにくいのでは、という考え方もあります。

上田　３連投までって決めてても、４戦目がいい試合になってきて、中継ぎのあの選手使いたいな〜、抑えのあの選手を使いたいな〜っていう気持ちになったりしませんか？

古田　たとえそう思ったとしても、４連投はなかったです。

上田　それは、ベンチに入らなくていいよっていうスタイルということですか。

古田　はい、ベンチから外したこともあります。最初の決め事として、ピッチングコーチと選手も含めて、中継ぎ陣には、３連投はやってくれとか、４連投はさせないという話はしていました。今みたいに頻繁にピッチャーを入れ替えることはありませんでした。

一軍のピッチャーは、だいたい12人ぐらいと決まっています。そこでやりくりをずっとやっています。今のヤクルトの場合は、18人ぐらいのピッチャーで回しているイメージです。どんどん入れ替えて、ちゃんと抑えていても、休息をとらせたり。そうやってショートイニングで活躍するピッチャーと、先発でショートイニングで活躍するピッチャーをうまいこと振り分けると、たとえ試合結果が負けであっても、それなりに試合になります。

上田　監督さんの一番の仕事はナイチンゲール的な部分なんだー。

野村監督の名言「全治どれくらいや?」

上田　野村監督って、選手のケガには、どんな感じで対応していたんですか。

古田　野村監督のいい言葉があります。昔は、肘当てなどの防具はなかったので、デッドボールが当たると、とても痛いのです。ウウッってしゃがみこんでいると、野村監督がベンチから出てきて、「おい、全治どれくらいや?」と必ず聞くんです。で、「1分です」と返すと、「よっしゃあ、じゃあ1分待つわ」

と言うんです。

上田　ウハハハッ。へ〜。

古田　頭にデッドボールをくらったとき、審判に動いたらダメだって言われるなか、野村監督が出てきて「全治どれくらいや？」と。そうしたら審判が、「いや、これは交代したほうがいいですよ」って言いました。

上田　ブハハハハッ‼

古田　「全治どれくらいや？」は、今でも使わせてもらっています。痛そうにしている人がいたら、「全治どれくらい？」って聞きます。

上田　デッドボールの痛さって、我々は硬式のボールで野球もやったことないから、わからないですけど……。

古田　ものすごく痛いです。

上田　そうですよね。しかも１５０キロ近くのボールが当たるわけじゃないですか。

古田　今は、体のあちこちに防具をつけているので、本当にうらやましいです。

ただ、昔は今ほど150キロ以上のスピードのボールは少なかったですけど。それでも当たれば痛いです。

上田　頭にデッドボールをくらうと、トラウマになりそうな気がするんですが。

古田　確かにそういう人もいます。僕は頭に2、3回くらいましたが、幸いトラウマにはなりませんでした。

上田　でも、次の打席とか次の日の試合とか怖くないですか。うわーみたいな。

古田　ピッチャーによります。このピッチャーだったら大丈夫、という感じです。150キロを超えるようなボールだと、本当に身の危険を感じます。番組の解説とかで見ていても、うわー、このピッチャーのボールが当たったら死ぬなって思うときもあります。

上田　以前、広島の山本浩二さんに聞いたのが、浩二さんってアウトステップ（右打者の場合、ピッチャーに近い左足を外側に踏み出す）して打っていたじゃないですか。頭にデッドボールを受けてからは、足を真っすぐ踏み出せなくなったそうです。本音をいえば、絶対真っすぐ踏み出したほうがよくて、アウトステップなんかしないほうがいいとは思っていたそうなんですが、頭にくらってからは、「いけなくなったからしゃーないんや」っておっしゃっていました。

古田　落合（博満）さんもそういうことをおっしゃっています。

上田　そうですね、落合さんはピッチャーを信用してないらしいですからね。

古田　僕の考えでは、プロは野球が仕事なんだから、怖い怖いって言っていたら野球にならないし、稼ごうと思ったらがんばらなければなりません。

上田　いやー、それを払拭するのはなかなか大変そうですけどね。

古田　でもそうは言っても、プロゴルファーと一緒で仕事が賞金稼ぎみたいなものなので、痛いだ怖いだ言っていたら稼げないです。プロ野球選手は、プロゴルファーほど、わかりやすい賞金稼ぎではありませんが、それでも試合に出なかったら、給料が下がる仕組みになっているので、痛みを恐れていてはいけないでしょう。

監督は選手のクビを切るのがつらい……

上田　さっき、監督の一番の仕事はケガのケアとおっしゃっていましたけど、ほかに大変なことって何がありましたか？

古田　クビを切らないといけないときですかね。

上田　あれは、球団から言われるんじゃないんですか。

古田　毎年10～14人の選手が戦力外になりますが、決めるのは基本的には編成部です。ただ、ボーダーラインの選手がいるので、そのリストを監督に持ってくるのです。リストの上位7人の戦力外は決まっているので、監督のほうで3～4人、戦力にならない選手に×をつけてくださいと言われます。×をしたらその選手は戦力外になるので、一番きつい仕事になりました。

情が入ってはダメだっていうのはその通りですが、本人の顔も知っていたり、球場で奥さんとかお子さんとお会いしたりすることもありますから、どうしても情は入ってしまいます。本人が納得してやめられるケースは少なくて、ほとんどの選手がもうちょっとやりたいと思いながらやめていくのがプロ野球の世界です。それがきついと言っていたら監督なんてやれませんよと言われますが、きつさで言ったら一番です。

古田さん、監督やってください

上田　もうそろそろ監督やってくださいよ。

古田　チャンスがあればやりたいです。

上田　準備万端って感じですか。

古田　オファーが来ないとできない仕事ですからね。

上田　いくらでも来るでしょう。

古田　監督をするためのだいたいのことは整理できていますが、どこの世の中も人事って大変なので、どうなるかわかりません。

上田　前回、監督を経験されて、こういうところはよかったな、でも、こういうところはちょっと今一つうまくいかなかったなっていう、ご自分なりの反省点とかもあると思います。反省点はどのあたりですか。

古田　いろいろありますが、即断即決しなくてはいけないのが一番です。モチベーションアップも含めての話ですが、たとえば試合の終わった午後11時くらいに、コーチらと明日の試合について話し合っているとき、一人のコーチがAよりもBのほうが調子いいから使いましょうと言ってきたことがありました。僕の中では、Aを起用しようと思っていましたが、Bと言われたからどうしようかと思ったんです。でも、明日の夕方までに決めればいいから、コーチには昼までに伝えることにして、打ち合わせを終えました。

その後、僕もいろいろ考えて、コーチがせっかくそう進言しているのだから、Bを先発で使ってみようという結論に至って、翌日の昼、コーチに伝えました。そうしたら、結果、Bは全然活躍しなかったんです。

試合後、コーチが僕に平謝りしてきたのですが、結果がそうなっただけで、僕が最終的に決めたことだから全然大丈夫です、気にしないでくださいと返しました。しかし、そのコーチは普段から僕にすすめたBの面倒を見ているので、かわいいわけです。

すると、後日、そのコーチがBに、「前の日に先発でいくって言ってくれたらもっと準備できたのにな」と、僕のいないところで言い訳をするのです。僕からしたら、言い訳しているんじゃないよという気持ちでしたが、そうやってだんだんぎくしゃくしてきます。僕らは勝負事をしているから結果はやってみないとわからないので、前日の午後11時にコーチから言われたときに、ＹＥＳかＮＯかどっちでもいいので即断即決しなくてはいけなかったんです。半日待って伝えたのが、僕の反省点としてはありました。少なくとも即断即決していたら、言い訳することはなかっただろうし。どんな仕事でもそうですけど、言い訳していたら伸びるものも伸びません。

上田　そのつもりで準備しとけよって話だと思います。

古田　そうなんですが、うまいことといかなかったら、理由をいろいろ探して人のせいにします。言い訳をさせない意味でも即断即決しないといけないというシーンは多々ありました。僕はけっこう即断即決タイプなのですが、そのときはせっかく言ってくれているというのもありますし、考える時間もあったので決断が遅くなってしまいました。ですから、デッドラインの的確な見極めをきちんとしないといけなかったと思っています。僕の考えたデッドラインは翌日の昼まででしたが、本当は当日の午後11時だったのかもしれません。

指示待ち族はダメではない

古田　プロ野球は、当然ですが大人の野球なので、監督やコーチがいちいちあしろこうしろと言うのではなく、自分で考えてやればいいんです。僕も現役時代はそうでした。つまり、プロの世界では自立しないと生きていけないのです。打席に入ってから〝監督はどの球を狙えと言っていたっけ？〟とか考えていたら、ヒットなんて打てませんし、プロ野球の世界で生き残ることはできません。打席に入る前から言われたことを頭に入れておいて、集中して戦っていかないといけないのです。打席に入ったら、誰も指示してはくれません。

僕はそう思ってやってきたので、選手が自立するにはあまり指示をしてはいけないという思いがありましたが、あとから若い選手に「自分がどの方向に進んでいいか迷っていたときに、監督に〝自分の好きにやっていい〟と言われましたが、あのとき右か左か言ってほしかったです」と言われました。腹立つでしょう（笑）。

上田　ハハハハッ、自分で決めろって話ですよね。

古田　言いたいことはわかりますけど、人のせいにしないでほしいという話ですよね（笑）。でも、僕らの時代は、指示待ち族はダメだという教育でした。上田さんもそうだったと思いますが、指示されて動く生き方はいけないという価値観で今まで生きてきたので、僕の場合、どうしても選手に対しては、自立させなくてはいけないから指示をしないという思考回路になっていました。でも、自分の経験でいうと、指示されて力を発揮する選手がけっこう多いです。することを決めてあげて、「お前はこれだからこれを必死でやれ！」と言うと、「はい！」と言って一生懸命それに向かっていって結果を残します。つまり、責任の所在を自分にしたくない若い選手が多いのでしょう。「監督が言っているから、それをがんばります」と言って練習すると力を発揮するタイプが意外に多いです。
もちろん、全員に対してそうするという意味ではなくて、人を見て、指示を出してあげたほうが能力を発揮しそうな選手には、こっちが正しいから〝黙ってやれ!〟と言ったほうがいいと思います。

上田 やっぱりそう言われたほうが集中できるんですか。

古田 はい。今の選手でも、現実にあります。自分で言うのもあれですが、僕とかちょっと成功したじゃないですか。自分の場合、自立して野村監督にだいぶプレッシャーをかけられながら、生き抜かなければと思って必死でやってきたから今があると思っています。それをみんなにわかってほしいと思うものの、現実はそういう人ばかりではありません。そこをもうちょっと見極められたらよかったのかな、というのは反省点としてあります。

上田 芸能界でも自分はこれが得意だと思っていて、たとえばリアクション芸はそんなに自信ないんだけど、ディレクターなりプロデューサーなりに、「君のリアクション、いいよね」って言われて、実際、自分はリアクション芸じゃないし、でも面白いって言ってくれているからリアクション芸をやってみるかとなったら、意外とはまる人もいるのですが、そういうことですかね。自分は何がいいか客観的にわかっていないから、人に言われてスポットを当ててもらってそっちに向かうっていう。

古田　リアクション芸人になるのか、大喜利芸人になるのか、どっちにしようかなと思っているときにすごい大先輩とか尊敬している人から、「お前は絶対リアクション芸のほうが向いている」と言われたほうが結果を残す若い人はけっこういると思います。

僕の監督時代は、選手に言いたいことがあっても我慢していたほうです。もちろん、アドバイスはしていましたが、もっと言ってもよかったかなと思っています。次に監督をするときは、積極的に〝こうやったほうが絶対いいよ〟と言います。それぐらいまで言って、あとは自分で考えろと伝えます。そうは言ってもやらない選手はいますけどね。

第6章　未来　プロ野球はどう変わるのか

大谷翔平はプロ野球の新人類

上田　大谷（翔平）選手について伺います。なんなんでしょうね、あの人のすごさは？

古田　人類の歴史というのは、ダーウィンの進化論と一緒で、突然変異でどこかで変わってきたという歴史を繰り返しています。たとえばキリンの場合、たまたま首の長い種が生まれて、上にあるものを食べることができたり、遠くにいる敵を見ることができるようになったから、首の長いキリンだけが生き残りました。ちょっとずつ首が伸びたのではなく、急に長いキリンが生まれて、それが当時でいうと突然変異だったのですが、結局はそのほうが、特性が強かったから生き残ったというのが定説です。今、僕たちはたまたま偶然、大谷という新しい種に出くわしたんじゃないかなと思っています。

「プロ野球史」として考えると、たとえば1万年ぐらい先から見たら、大谷のいる今の時代で変わったよなっていうくらい、能力が高いです。今まででも、すごい選手はいっぱいいましたが、それとは一線を画す、明らかに違う人、新人類と言っていいのか、ニュータイプと言っていいのか、突然変異なのかはわかりませんが、明らかに能力が高い人が出てきたと思います。

上田　古田さんからご覧なってもそう思われますか？

古田　はい。やはり飛び抜けています。もちろん、彼より背の高い日本人はいますが、あれだけ動けたり、いろんなことができたりする日本人は、少ないです。

大谷君の場合は、日本人がちょっとずつ進化したというより、突然変異でボコッて生まれたような気がします。

上田　確か古田さんは、大谷選手がプロになって3年目ぐらいの頃に、日本ハムの沖縄キャンプに行かれたと思いますが、そのときの印象を教えてください。

古田　そもそも僕は、大谷君が1年目のときから、二刀流をやるべきだと言っていました。そもそも150キロ投げるピッチャーに、〝ピッチャーやめろ〟なんて言えませんし、バンバンホームラン打つのに〝バッターやめろ〟とも言えませんから、とりあえずいけるところまでいってほしいと思っていました。

プロ野球選手は、いつかはケガするもので、多分肩肘をやってしまいます。そうすると、いずれはバッターになると思うんです。大谷選手は、幸いなのかどうかはわかりませんが、早めにケガをして手術して復帰したからよかったですが、ピッチャーとして復帰できない可能性もありました。ですから、どちらかに絞るのは、ケガをしてからでいいのではという感覚だったので、二刀流でいけるのではないかと言っていました。

当時、160キロというのは夢の世界です。先ほども言いましたが、僕が現役の頃に受けたボールで最も速かったのは、横浜の（マーク）クルーンというピッチャーで、最速162キロぐらい。きれいなスピンの効いたストレートを投げるピッチャーといえば、阪神の藤川（球児）君で、球速は155キロぐらいでした。ボールがピンッと伸びてきますけど、大谷選手の球速は、それを明らかに超えています。藤川君の球速を5キロも超えているわけで、それをやめろと言うのは、あまりにももったいないことです。

上田　どっちかって言ったらバッターとしての才能のほうが高いんですか？　それとも、ピッチャーと同じぐらいのレベルなんですか？

古田　両方トップレベルです。大谷選手は、ストレートの速さだけではなく、スライダーもフォークも素晴らしいです。あんなボールを投げる選手はいません。

たとえば、スライダーならヤクルトの伊藤（智仁）君がいいとか、ダルビッシュ（有）がいいとか言いましたが、はっきり言ってそれとまったく遜色ないです。

上田　昨年投げていたスライダーは、ものすごく曲がってましたよね。

古田　そうですね。フォークボールも、たとえば僕らの時代なら、横浜の大魔神（佐々木主浩）とか、野茂（英雄）君とかの名前があがるけど、それより上です。

上田　え、そうなんですか？

古田　はい。スピードが違います。確かに、彼らももちろんすごいですが、やはり大谷選手が一番上です。あのスピード感であの落差ですから。逆に言うと、あのピッチャーと、このピッチャーと、そのピッチャーのいいところを合体させた、夢のようなすごいピッチャーが現実世界に存在しているという、まさにゲームの世界みたいなことが起きています。

上田　へぇ〜、トム・ブラウンと違って正しい合体してるんだー。今までで最高のピッチャーは誰？　って言ったら、大谷選手と断言しても過言ではないってことですか？

古田　はい、断言してもいいです。

上田　そうですか！　たとえばダルビッシュ投手よりも上と言っていいですか？

古田　もちろん、ダルビッシュもいいですけど、ダルビッシュより上だと思います。ダルビッシュは、最近ちょっと投げ出しましたが、落ちるボールが苦手でした。その代わりに緩いカーブを投げたりしていますが、やはり落ちるボールがないと左バッターから三振を取れないんです。だからちょっと苦労していました。

昨年のダルビッシュは、驚くくらい、落ちるボールをバンバン投げていますが、ちょっと前の巨人の菅野（智之）投手と似ています。菅野投手もストレートとスライダーとカーブであまり落ちるボールを投げなかったので、左バッターに少し苦労していました。ただ、それでも昨年一昨年ぐらいから投げるようになって、安定して抑えるようになりました。一級のピッチャーですら、落ちるボールが苦手な人もいる中で、大谷選手は、早い段階で超一級品のフォークを投げているので大したものです。

上田　では、日本プロ野球史上最高のピッチャーと言っても問題ないですね？

古田　はい。それに続いているのがロッテ（千葉ロッテマリーンズ）の佐々木（朗希《ろうき》）君でしょう。総合力でいえばダルビッシュですが、ボールだけ見たら大谷君が一番です。

能力が高い子どもは二刀流になる可能性がある

上田　じゃあ、バッターとしての大谷選手はどうなんですか。

古田　昔から結果を残されているすごいバッターはたくさんいますが、〝現代野球〟になってからでいうと、比較対象は松井（秀喜）君になります。彼は、日本を代表する4番バッターで、ヤンキースでも4番を打っていました。イチローはタイプが少し違います。そうなると、松井君か大谷選手のどちらかになりますが、もはや大谷選手のほうが上だと思います。

上田　松井さん自身もね、大谷選手がメジャーに行ったとき、「初めて日本人のパワーヒッターがメジャーリーグに行った」って自分でおっしゃっているぐらいですもんね。自分はメジャーに行けばパワーヒッターじゃないみたいな。

古田　とはいえ、ヤンキースの4番を打ちましたからね。もちろん松井君とは、僕もよく戦っていたからものすごい打者であることはわかっているのですが、大谷君がバックスクリーンの左に、ガチャガチャ放り込んだり、バックスクリーンの上まで飛ばすというのは、メジャーリーガーでもあまりいません。

２０２１年はホームランを46本、２０２２年は34本も打っていますし、そう考えると、松井君より上でいいのではないかと思っています。

上田　大谷選手のパワーのすごさは当然なんでしょうけど、バッティング技術もすごいですか。

古田　ホームランを打つには、パワーと技術の両方が必要です。もしかしたら大谷君も、ヒットだけなら3割打てますよと言うかもしれません。明らかにちょっと強引に打っているときがあり、たまにセンター前とかにポンとヒットを打ったりもしますが、それではあまり喜ばれません。だから強引にライト方向に打とうとします。そういう意味でいうと、大谷君の腹の中では〝3割ぐらいならヒットでよければ打てますけど、僕はホームランを打たなきゃいけないんで〟という感じでやっていて今の成績なので、〝すごい〟の一言です。

上田　ということは、細かい技術もあるわけですよね。今、メジャーの他チームでも、二刀流としてやらせてみようっていう動きもありますが、大谷選手レベルの二刀流は、今後なかなか出てこないんでしょうか。

古田　なかなか出ないと思いますが、子どもの頃から能力が高い子は、ピッチングもバッティングも両方の能力が高いので、そのうち二刀流は出てくるはずです。今のメジャーリーグでも、何人か二刀流の候補がいるそうですから、当然出てくると思いますし、いいモノを持っている人はけっこういます。外野手でも、ものすごい鉄砲肩で150キロを投げられる人もいます。しかし、だからといってバッターを抑えられるかは別の話です。ストレートの速さ以外にも、変化球もありますから、なかなかカンタンにはいかないでしょう。大谷君のレベルまで精度の高い人が出てくるかといったら、難しいと言わざるを得ません。

佐々木朗希は170キロを投げることができるのか？

上田　ロッテの佐々木投手もまたすごいピッチャーですよね。2試合連続ほぼパーフェクトみたいなことが、昨シーズン（2022年）ありました。

古田　何がすごいかといえば、明らかに余力があることです。完全試合を達成したときも、〝僕はコントロール重視ですよ〟みたいな感じで軽々投げています。たとえば、プロのピッチャーが高校生を相手に投げたり、高校生が小学生に投げたりする場合は、手加減して投げます。それで十分という感じで。佐々木君は、そんな感覚で投げているように思います。

一方で大谷君は、ちょっと乗ってきたら、投げ終わったあとなどに、うりゃ！　とか声を出したりしますが、佐々木君はありません。最後までダイナミックなフォームで涼しい感じで投げています。

上田　佐々木投手は、170キロぐらいまでいけんじゃないのか、なんていう夢がありますが、どう思いますか？

古田　もちろん可能性はありますが、本人が目指すかどうかはまた別です。佐々木君が仮に目指したら、間違いなくケガをします。だから、そのケガのリスクを考えたら、今でも160キロ以上投げられるけど、150キロ後半ぐらいのスピードでコントロールよく投げて抑えていったほうがいいでしょう。ピッチャーの肩肘の故障に関しては、僕も何人も見てきましたが、よく消耗品と言われる通り、本当に壊れます。

ケガをして肩肘にメスを入れても、無事に回復して投げられるようになればいいんですが、戻ってこられないケースもあるので、できるだけケガをせず、長い間一線で活躍するほうが、評価が高いと考えています。佐々木君がケガをせず続けていくためには、抑えめに投げていくべきです。抑えめに投げても、ほかのピッチャーと比べても十分速いですから。

上田　佐々木投手は、大谷投手を上回る可能性も十分ありますか？

古田　いい勝負でしょう。

大谷君も佐々木君も、日本人ではそんなにいない、身長が190センチ以上あります。大谷君とかダルビッシュを近くで見たら、とても大きいです。

上田　今の大谷選手は、さらに体が大きくなっていますよね。

古田　ダルビッシュは、レスラーみたいな体格です。しかも顔は小さい。

上田　いやでも僕は、古田さんにお会いするたびに、でっけえ！　って思いますけどね。

古田　いやいやもうレベルが違いすぎます。こんな人たちと勝負するとなったら、ほかに生き残る方法を考える必要があります。だからといって今後身長が2メートルを越える選手がぼんぼん出てくるかといったら、まったくないとは言えませんが、しばらくは出てこないのではないでしょうか。

上田　2試合続けて完全試合を達成しそうなピッチングをしたあと、佐々木投手は毎週登板していましたが、ちょっと打ち込まれてきました。それってやはり週1回投げられる体力がついていないってことなんでしょうか。

古田　プロ野球では1週間に1回先発ピッチャーとして投げたら、毎回100球くらい投げますが、そのペースを1シーズン続けたとすると、25回くらい先発することになります。この登板間隔で投げると、中6日休むことになりますが、疲労が取れないといったことで、そのペースで投げられない選手がけっこういます。だから全球全力で投げるのではなく、ここぞというときにギュッと力を入れて投げるようにするといいです。

プロの世界では、イニングイーター（長いイニングを投げられる先発投手）の評価が一番高く、ありがたい存在なので、その価値を上げていくほうがいいと思っています。ただ、佐々木投手は別次元の存在で、人類の夢を背負っているところがあるので、ある意味大変ではないでしょうか。

上田 佐々木投手の投げているボールがシュート回転し始めるのは、疲れによって体が開くからですか。

古田 彼は、人差し指と中指の間を開けずに投げるタイプで、一点集中型のピッチャーなんです。そのタイプのピッチャーは、たまにズレるんです。

上田 それは、ボールの軸とズレるってことでしょうか。

古田 そうです。普通は、2本の指の間を少し開けて、ボールの縫い目のところで支えてストレートスピンをかけますが、彼のように2本の指の間を開けずに投げると、軸の向きがちょっとズレてしまいます。指の間を狭めれば狭めるほど、グラグラしてしまうので、ちょっとのズレだけで曲がってしまいます。

上田 つまり、投げるスタミナがどうとか、そういう問題じゃないんですね。

古田 はい、肩とか肘が落ちたとかじゃなくて、ボールを握っている指の微妙なズレだと思います。実際、佐々木君が投げると、160キロぐらいでものすごく曲がります。あれはそうそう打てません。

課題を克服した選手がプロの世界で生き残れる

上田　ピッチャーの球速についてですが、たとえば1980年代とか90年代と比べると、多分10キロぐらい上がっています。さらにメジャーでは、160キロのシンカーを投げるピッチャーもいます。なぜ単純に球速がどんどん上がるんでしょうか。

古田　メジャーリーグでも実際に160キロを常時投げるピッチャーは、そんなにたくさんはいません。実をいうと、米国では100マイルピッチャーというのは、すごい話題になるぐらい珍しいです。大谷君も、100マイル出したときは話題になりました。150キロ後半を投げる選手はいますが、160キロを超える選手は意外に少ないのが現実です。だから、170キロはまだ現実的ではありません。

上田　でも、僕が子どもの頃はスピードガンの違いはもちろんあるんでしょうけど、たとえば、浪商高等学校（現在は大阪体育大学浪商高等学校）出身の牛島（和彦）さんが、高校時代に135キロを投げてみんながすげえ速い！　って言っていましたが、今の高校生は、150キロぐらい投げるじゃないですか。この違いはなんなんでしょうか？

古田　これは、明らかにインターネットの普及が進んだからです。簡単にいうと、情報が流出するという話です。昔はプロに入ってからでないと、プロのトレーニング法や食事などは学べませんでした。

上田　高校生のレベルでは、あまり学べなかったんですね。

古田　大学でもそんな大したことは学べなかったです。よく、〝高校卒業後プロで3年やれば花が咲く〟と言われますが、その3年で学んでいたことが、すでに世の中に出回っています。優秀な監督やコーチがいたら、プロに入ってから学ぶトレーニング法や食事を、すでに中学校とか小学校で実践しています。たとえば、こういうものを食べなさい、こういう運動をしなさい、こういうトレーニングをしなさいなど、プロがユーチューブなどで一生懸命解説しているのを見ているから、当然、成長スピードは速くなります。ただ、成長とか進化には限界があるので、基本的に前倒しされただけだと思います。

上田　なるほど。

古田　18歳から20歳は、まだ伸びる時期です。このときプロに入ると、最初の3年くらいは、これから俺はプロでやっていくぞ！　と、すごい夢を求めながら前向きにやりますが、高校時代に150キロ投げたピッチャーが、プロで160キロ投げられるかというと、ほぼ投げられません。なぜかというと限界なんです。異次元の大谷君や佐々木君らがやっと160キロを投げているのに、ほかの人が3年間トレーニングを必死にしたくらいでは投げられません。いわば人間の限界を迎えている状態なのに、そういった若い選手たちは、〝停滞している〞〝伸び悩んでいる〞と言われてしまうのです。

僕の世代から見れば、高校生のときにちゃんと仕上がっているからいいという話ですが、プロに入ってからの伸び盛りがないせいで、3年くらい経ったら、〝なんか物足りない〞とか言われて落ちていくパターンが多いです。こういった非常にもったいない現象が、今のプロ野球界では起きています。

夢を持った18歳の子がプロに入ってきたら、もっと上のレベルへ行けるだろうと思うのは当たり前ですが、高校時代にそこそこ出来上がっているので、足りないところを補っていけばいいのです。

たとえば、150キロのボールを投げられるけど、変化球のコントロールが悪いなら、それを一生懸命練習すればいいのです。でも、150キロのボールを投げられる選手は、どうしても160キロのボールを投げたがります。その気持ちに抗えず、160キロを投げるほうに気が向いてしまうと、落ちていってしまいます。

結局、課題を克服できない人は、プロで生き残ることは難しいです。よく、「君のいいところをどんどん伸ばして、自分の持ち味にしてがんばりなさい」と言いますが、大きな間違いです。

上田　そうなんですか？　むしろ長所を徹底的に磨いたほうが生き残れそうな気がしました。

古田　いや、長所を伸ばしただけで生き残った人はいません。プロの世界で生き残っている人は、全員課題を克服した人ばかりです。たとえば、守備が得意な人は、打てるようになったから試合に出ることができるのです。

打つことが得意な人は、守備がうまくなったから試合に出られるわけで、守備をおろそかにしたら、最終的には代打専門などで終わってしまいます。僕もバッティングは全然ダメだけど守備がいいと言われてプロ野球に入ってきて、1年目に2割5分しか打てませんでしたが、2年目に首位打者を獲ることができたのは、今まで打てないと言われていたのが打てるようになって試合に出られたからです。そうして野球選手としての価値が上がります。

球の速いピッチャーに「変化球でストライクを取れるようになってな」と言うと、「はい、わかりました」と言ってブルペンで変化球を2球くらい投げます。でも、またすぐストレートをバンバン投げてしまうことはよくあることです。

上田　もうストレートは投げなくていいのに？

古田　そうです。バント処理がうまくできないなら、その練習をするとか、今までできなかった課題を克服していってプロのレベルまで来たら試合に出られて結果も残ると。その上で今度は相手との駆け引きがあるので、それを克服していけば上に上がれる、生き残るという感じです。

上田　芸能界も似たようなもんです。自分の長所は人それぞれあるんでしょうけどそれを活かすには、苦手なことをある程度は引き受けないといけないんです。

古田　得意なフィールドだけで勝負できるなら、いいんですけどね。

上田　バズーカ砲持ってるけど防御はパンツ一丁じゃ、戦いの場に出られませんもんね。

今の若手選手は監督やコーチのアドバイスをスルーする

古田　僕が現役の頃は、今のようにいろいろな情報を手軽に入手することができなかったので、たとえば、高校生がプロに入団したら二軍ではこういう練習をしなさい、こういうウエイトトレーニングをやりなさい、ランニングを10本走りなさいといった、決められたメニューを必死にこなせばいいわけです。食事に関しても、これを食べろとか言われて、だんだんプロで通用する体に仕上がっていきました。ところが、今の選手たちはそれをプロになる前にやっています。ですから、だいたいのことがわかっているので、球団の監督やコーチがアドバイスしても、すでに知っていることしか教えないから、そのうち言うことを聞かないようになります。

上田　なるほど……それは古いと。

古田　もちろん、面と向かっては「はい、わかりました」とか言いますが、その子らは、ピッチングコーチのアドバイスよりもダルビッシュのユーチューブのほうがいいなと思っているわけです。ですから、その調整がすごく難しいのです。コーチはコーチで、それぞれ持論があるので、〝ダルビッシュの言っていることなんか関係ねえよ〟と思っているわけです。ダルビッシュを例にして悪いんですが（笑）。たとえば、大谷君がどんな練習をしているか、誰だって見たいはずです。
これまでは、そういった最先端の情報は発信されていませんでしたが、今は世界中から発信されているので、監督やコーチが若い選手のモチベーションをアップさせるのは、とても難しい時代といえます。

上田　そっかー。古田さんは実績がおありだから説得力があると思うんですよね。選手に「こうしたほうがいいぞ」って言ったら、あれだけの結果を残している古田さんだからなって思うはずです。一方、現役時代に、それほど突出した成績を残していないコーチが言うことって、「いやいや、あんた結果残してないじゃん」って思われるものですか。

古田　たとえば、現役時代に結果を残していないコーチが謙虚になって、ダルビッシュのユーチューブを全部見たとすると、そのコーチと若手選手の情報量は同じになります。そうすると、コーチは〝この子は、ダルビッシュが投げている変化球を投げたいんだな〟など、若手選手が何を目指しているのかがわかってきます。だからそれに乗っかって会話すると、「このコーチ、わかってくれている」と、信用されるようになります。ですから、僕もダルビッシュのユーチューブを「なるほど、そうか」と思いながらチェックしています（笑）。

上田　フハハハッ！

古田　僕からしたら、実践的なアドバイスをしたいんですが、聞く耳を持ってもらうためにも、若い選手がチェックしている最先端の情報を見て共有することが必要です。指導者の中には、いまだに王（貞治）さんのコーチをされていた荒川（博）さんが王さんに言っていた〝バットを傘のように立てて持ちなさい〟というフレーズを使っている方もいます。でも、メジャーリーガーで、傘のように持ってる人はいません。つまり、傘のように持たず、後ろの肘を開けて構えたほうが打てるから、そうなっているわけです。

とはいえ、傘を持つような構え方がダメという指導ではなく、それぞれの構え方のメリットとデメリットをきちんと説明した上で、「お前には、この構え方がいいんじゃないか」と伝えられないといけません。

上田　古田さんが現役時代、たとえばコーチからキャッチングのときの肘の使い方を指導されたとしたら、コーチがいる手前上、練習では言われた通りにやるわけですよね。

古田　はい。

上田　でも、試合ではやらないわけですよね。そうしたらコーチからしたら、〝あんたの言っていること古いし〟とか、〝自分には合わないし〟とか思いましたか？

古田　〝お前やってないじゃねえか〟となりますよね。でも古田さんからしたら、

上田　ありましたね。顔には出しませんが（笑）。

古田　フフフッ。

上田　コーチに突っ込まれても、「え〜？」とか言ってごまかしていました。

古田　ヒャハハハッ！

上田　野村監督には、外れたことをするといつも怒られていました。

古田　言うことを聞かなかったら試合に出さないよってなりませんか？

古田　それくらいではなりませんでした。実際、自分で言うのもあれですが、

球の捕り方もうまいと言われていましたし、盗塁も刺していましたから、キャッチングとか投げ方については言われませんでした。でも、サインを無視すると外される可能性はあります。

上田　古田さんは、監督やコーチの技術論的なアドバイスについては、聞いていたんですか？

古田　はい、聞いてはいましたけど、最後は自分で決めていました。たとえば、バッティングコーチによっても、言うことはそれぞれ違います。よくバットを上から叩きなさいとか横から出しなさいとか、右手を使いなさいとか、いろいろ言われます。今は、そういったきつい言い方ではなくて、「バットを替えてみたらどう？」みたいに、アイデアを伝えるような感じでコミュニケーションをとっています。指導者は、よかれと思ってアドバイスするわけですが、ただ最終的に決めるのは言われた選手本人です。

僕が現役の頃は、「こうやれ！」と言われていましたが、自分としては、〝こうやれというアドバイスですよね〟と思っていただけで、〝なるほど、そうい

う方法もありますよね、やってみました……違うな、こっちでやろう〃ってい
うふうに、最終的には自分で決めてやっていました。

山本由伸の投球フォームは、新時代のフォーム⁉

上田　投球フォームを変えることって難しいものですか？

古田　なかなか難しいです。投球フォームを変えるべくいろいろ苦労している
ピッチャーはいっぱいいますが、きれいな投げ方をしている人は、高校生のと
きからきれいなフォームで投げていることが多いです。ただ、きれいではない
投げ方をしているからコントロールが悪いかというと、それはまた違います。
というのも、きれいではない投げ方なのにコントロールがいいピッチャーはけ
っこういて、最近でいうと、山本（由伸）君などはあまり肘を上げずにやり投
げのように腕を伸ばして投げています。遠くから投げるようなあの投げ方は新
しいです。

上田　以前だといわゆるアーム式みたいな投げ方っぽいですよね。

写真2／腕を120度くらいにして、肘はあまり曲げずに投げる。

古田　もちろん、腕を伸ばしたまま投げているわけではなく、昔は腕を90度ぐらい曲げて投げていたものを120度くらいにして投げているのですが（写真2）、肘はあまり曲げません。昔は下から上げて投げなさいと言われており、前田（健太）君や、昔の大谷君もそういう投げ方でした。でも、今の大谷君は、右手を下まで落とさないでちょっと早めに上げています。

上田　大谷選手は、2021年ぐらいからテークバックがすごく小さくなってますよね。

古田　おそらく、肘にかかる負担が少ないのでしょうね。

上田　今は、肘から上げる投球フォームは、トレンドではないんですか。

古田　はい、トレンドではありません。でも、野手が投げる場合は、肘から上げたほうが腕がムチのようにしなるので、簡単にボールが行きます。僕もキャッチャーでしたけど、そうやって投げていました。ピッチャーは、肘への負担がかなり違うみたいです。要は腕をムチのように回転させているからスピードが出ますが、回転のときに肘に負担がかかるので、これを大谷君のように肘を回転させずにすっと上げたほうが、腕に負担がかからず投げられるというのが今のトレンドです（写真3）。それがいいのか悪いのかは、今から5年ぐらい経たないとわからないです。

上田　山本由伸投手がオフにやっているトレーニングにやり投げのようなものがありますが、あれもその理論に基づいたものですか。

古田　やり投げは腕を伸ばしたまま投げますが、彼は、途中から肘を曲げているので、やり投げの投げ方とは違います。でも腕を90度上げるのではなく、遠

写真3／肘に負担がかからないように腕は回転させずに上げる。

めに上げて、早めにひねっています。以前、彼と話したとき、今のフォームにしたら、昔より肘に負担がかからなくなったと言っていました。アーム投法は、日本人は少ないですけど、昔からメジャーではけっこういました。サイ・ヤング賞を2度受賞したロイ・ハラデイは、超アーム投法でした。あと、サイ・ヤング賞を3度受賞したジャスティン・バーランダーもそうです。

投げ方のトレンドはいろいろ変わっていくので、きっと山本君の投球フォームも正しいのではないでしょうか。ピッチャーは、どうしても痛みとの闘いがあるので、痛みのない投げ方を追求します。

10年ケガなく活躍するピッチャーはいない

上田　時代的なものが大きかったんでしょうけど、ピッチャーの与田（剛）さんが1年目のとき、大車輪の活躍をしたものの、ケガに悩まされて、次の年に入団した森田（幸一）さんが与田さんの代わりに大活躍したけど、またケガと、抑えのピッチャーが1年くらいで壊れていました。あの時代の中日って……。

古田　僕の感覚で言いますと、熱投するピッチャーはいずれケガをします。また、10年ケガをせずに一線で活躍したピッチャーはいないと思っていて、言い方を変えると、手術をしていないピッチャーもほぼいないくらいの感じです。

　5年活躍したピッチャーがいて次の年ぱっとしなかったら、〝普通だな〟という感覚です。3年活躍したら、〝そろそろやばい〟と思うほうが普通です。僕もそういうピッチャーをたくさん見てきたので、少しでもケガをしない期間を伸ばすために、ケアしながら投げていかなくてはいけません。

　今のヤクルトは、2021年の奥川（恭伸《やすのぶ》）君のように、1回一軍に登録して、中10日で投げたら登録抹消にしたりしていますが、これだと一軍にいる日数で決まるFAの権利をとるまでに100年くらいかかります。それでもピッチャーを大事に使ったほうがいいというのが、今のヤクルトの判断でしょう。

　2021年のヤクルトでは、10勝したピッチャーも規定投球回数に達したピッチャーもいませんでした。今までの優勝チームというのはだいたい10勝しているピッチャーが2人はいたので、これまでの常識では考えられないことです。

上田　その新しい戦術が、これからトレンドになっていくのかもしれないですね。

古田　昔は、どちらかというと逆で、勝ち星が上がっていかないから登板間隔は中5日でいきたいという感覚でした。先発ピッチャーを中6日で回していくと、ブルペンは1人少なくなって6人になりますが、今はブルペンに9人います。そうやって余裕を持たせたほうがいいのでしょう。

上田　そうなるともう20勝投手なんか出てこなさそうですね。

古田　中6日で投げても、30試合投げないピッチャーが多いので、マー君（田中将大）が最初から最後まで投げて24勝0敗ですから、勝ち負けがつかなかったのがいくつかあるとはいえ、28試合しか投げていません。そう考えると、なかなか出ないかもしれません。

上田　200イニング投げるピッチャーも、ほぼいなくなっちゃいましたね。

古田　そうですね。

上田　昔は、200イニング投げるピッチャー、けっこういましたよね？

古田　いや、200イニングも投げたらよく投げたという感じです。〝立派！よっエース！〟という感じです。ひょっとしたら山本（由伸）君ならいけるかもしれません。あと、阪神の青柳（晃洋《こうよう》）君もイニングイーターなので、期待できます。

もし、侍ジャパンの監督を古田がしていたら

上田　今、古田さんが侍ジャパンの監督をすることになったとして、WBCに向けて誰か一人、好きな選手を取れるとしたら誰ですか。やっぱり大谷選手ですか。

古田　やっぱりそうですかね。

上田　じゃあ、大谷選手以外だったら誰がほしいですか。ピッチャーでも野手でも誰でもいいです。

古田　やはり、ダルビッシュがほしいです。

上田　なるほど。先発の柱みたいなのが一番ほしいですか。

古田　ダルビッシュは、昨年のプレーオフに出たんですが、完全にアメリカ人になっていました。プレーオフ中、彼は「中3日でも4日でも僕は全部いきます、いつでも指名してくれ」と言っていました。これが言える人じゃないとダメです。みんなが困っているときに、俺が起《た》つという気概のある人がほしいです。

日本人がメジャーリーガーとがっぷり四つに組んだら、海外の選手のレベルは高いので、まず負けます。メジャーリーガーは、日本人に負けるわけないと思って油断しているので、そこをぐっと突っ込めるやつじゃないとチャンスは生まれません。

昨年のプレーオフを見ていて、ああいうことを言えるっていうのはすごいなと思いました。もちろん、みんな日の丸のために一生懸命やっていますが、ベテランであんなこと言ってもらうとありがたいです。

上田　じゃあ、NPB所属のピッチャーだったら誰ですか。

古田　投手四冠だった山本（由伸）君になりますかね。

上田　2年連続で投手四冠ですからね。では、抑えだったら誰ですか。

古田　全員をチェックしているわけではないんですが、ソフトバンクの千賀（滉大）君がいいと思います。

上田　なるほど。では、中継ぎは誰がいいですか。

古田　通用するかどうかわかりませんが、阪神の青柳君は見てみたいです。プロ野球には左のいいバッターが多いので、右のサイドスローは、なかなか通用しません。にもかかわらず、2年連続で最多勝を獲っています。他球団が左バッターばかり並べているのに抑えているのは、考えられないくらい立派なことです。過去一のサイドスローの投手でしょう。

上田　左バッターからすると、サイドスローって見やすいんですか。

古田　見やすいです。僕も打ちやすかったです。ただ、縦に落ちるシンカーなどを投げられたら打ちにくいですが、何回か打席に立てば打てる感覚はあります。でも、青柳君は一時無双状態のときもありましたので、メジャーリーガー相手に投げる姿を見てみたい気持ちが強いです。

上田　古田さんが監督時代、先発よりも後ろの投手を重視していましたか。抑えはこの選手でいこう、7回はこの選手、8回はこの選手みたいな。

古田　そうですね、後ろのピッチャーがいたほうがありがたいです。でも、基本的には先発を重視していました。

上田　そうですか。じゃあ先発の5人をまず考えるんですかね。

古田　はい、先発ピッチャーを探すのが、けっこう大変です。現実的に言うと、5人いたとしても、そのうちの誰かがケガしたり、調子を落としてしまったりすることがありますから、どんどん先発候補を増やしていかなくてはいけません。でも、先発とショートイニングのピッチャーで調整法が違うので分けなければいけないんです。外国人投手であれ、あなたはとりあえず先発を目指してねって言うのと、あなたはショートイニングで毎日投げられるような調整をしてねっていう場合があります。

上田　じゃあ一番ほしい野手は誰ですか。

古田　村上（宗隆）君がいいです。

上田　三冠獲ってますしね。

古田　若いのに熱を持ってやるタイプで、ヘッドスライディングしたり、けっこうガッツもあったりするようですし。それに、4番で体も大きく、いてほしいという存在です。

上田　話していてもちゃんとしてますよね。今時の若者みたいに、そんなにチャラついてないっていうんですかね。

古田　はい、彼は何事も一生懸命で、ちゃんとしています。ああいうタイプは、監督にとってはありがたい選手です。

上田　もし、古田さんが侍ジャパンの監督だとして、クリーンナップの3、4、5番は誰がいいですか。

古田　多くの野球ファンが見る大会ですから、みんなが納得するようなオーダーにしていかないといけません。そうなると、今年からメジャーに挑戦する吉田（正尚）君とヤクルトの村上君が中心になります。

上田　大谷選手は何番がいいですか？

古田 大谷君は、普段の試合で1番とか2番に慣れているし、打席がたくさん回ってくるので2番がいいと思います。

上田 なるほど、じゃあ4番は村上選手ですか、吉田選手ですか。

古田 村上君がいいと思います。

上田 吉田選手は3番か5番あたりですか。

古田 その辺でしょう。吉田君も毎年3割以上打っていますからね。体は小さいけど、出塁率も高いので、クリーンナップがいいのではないでしょうか。

上田 あともう一人どうしますか? 侍ジャパンだと、鈴木(誠也)選手ですかね。

古田 鈴木君がいてくれたら、彼でいいです。

上田 5番ですかね?

古田 4番でも5番でもいいと思います。

上田 鈴木選手が入っても、村上選手が4番でも全然いいですか。

古田 もちろん。みんな各チームで4番はっている人たちですから、緊張することはないので、3番吉田君、4番村上君、5番鈴木君で異議なしです。

上田　それはみんなも納得するんでしょうね。あんまり奇をてらってうまくいかなかったら悔いが残りますからね。ある程度実績のある選手をクリーンナップにして、それで打てなかったら誰もがしょうがないと思えるでしょうしね。

古田　栗山（英樹）監督も大変だと思いますが、大谷君が出てくれるのでファンも喜びます。

上田　大谷選手がいるだけで、外国のチームに対して箔がつく感じがしますよね。

古田　WBCの第1戦が2023年3月9日（日本戦）に開催されますが、大谷君がキャンプに行くのかどうかがわかりません。アメリカでキャンプを終えてから日本に帰ってくるのか、どうするんでしょう。メジャーのキャンプは2月中旬くらいから始まりますから、暖かいところのほうがいいでしょう。日本にいたらどこにいても目立つはずです。身長も190センチ以上ありますし。

上田　集中できないでしょうね。

古田　来日してもウロウロできないと思います。あんなに目立ったらコンビニすら行けないでしょう。

なぜ、逸材がプロで活躍できないのか？

上田　シーズンが終わってしばらくすると自由契約になる選手が出てきますが、甲子園を沸かせた選手とか、大学から鳴り物入りで入団してきた選手が、意外に芽が出ず終わっていくパターンって多いじゃないですか。古田さんが考える一番の理由はなんですか。

古田　すべてに当てはまるわけではありませんが、よくあるケースでいくと、成功体験が忘れられないパターンは多いです。プロに入る選手の多くは、どこかの高校や大学のエースとか4番バッターで、そのカテゴリーでのトップがプロに入ってきます。

たとえば、バッターの場合、アマチュア時代にはホームランをたくさん打っていたけど、プロ1年目はホームランを打てないという悩みにぶち当たります。

僕からすれば、打てないのは当たり前なんです。そもそもレベルの高いステージで、いいピッチャーがたくさんいるので、打つのは簡単ではありません。だから打つために何かをしなくてはいけません。伸びる選手の場合は、そこで己の課題を知ります。速い球に振り遅れるなとか、バットはこういう形状のほうがいいかなとか、バットはもっと短く持ったほうがいいかなとか、そういう課題をオフの期間中に、バッティングマシンのスピードを速くセッティングしてずっとバッティングするとか、体力が足りないと思ったら鬼のようにウエイトトレーニングして体をでかくしたりとかした選手は、だいたい生き残ります。

要は課題を見つけてそれに真正面から取り組める選手は問題ないのですが、伸びない選手は「僕の調子がよかったときは高校時代だったので、オフは高校に帰って練習します」と言います。過去の栄光に戻ったら、居心地はいいんですが、課題に向き合っていません。1年やってダメだったということは、課題があったわけですから、それを克服するために努力しなくてはいけません。そこで過去の先生にバッティングやピッチングを教わったりしてしまうと、前と全然変わりません。

つまり、課題を克服した選手が生き残ることができ、課題を見つけられないとか、見つけるのが嫌だっていうタイプが脱落するのです。

ブルペンで投げていても、自分はアマチュア時代に150何キロ投げましたとか言う選手がいます。ところが、投げる球が全部ストライクにならずボールになってしまうのです。ブルペンキャッチャーは、「ナイスボール！」と言いますが、僕らは「ボールだよ！」と思って見ています。「ちょっとストライク投げてみて」と言っても、全部ボールになります。というのも、プロのストライクゾーンはアマチュアよりもちょっと狭いので、全部ボールの判定になってしまいます。だからストライクを入れないと話にならないよ、という話はします。

そして「ストレートが速いのはわかったから、変化球の練習しなよ」と言うと、「わかりました！」と言って、カーブを1球、2球投げて、……ストレートいきます！　と必ず言います。

上田　もうストレート投げたくてしょうがないんですね。

古田　「そうじゃない、お前はカーブが投げられないから抑えられないんだろ」と言っているのに、すぐストレートを投げてしまいます。

上田　そういう選手がドラフト1位で入ってきてもなかなか伸びないんですね。

古田　前のステージでは、それまでの成功体験でうまいことといっていたとしても、今はレベルの高いところにきているので、変わらないといけませんし、そこに適応する何かをつかまないといけません。プロ野球で生き残るのは、たとえば、変化球が投げられなかったら翌年は投げられるようになったりとか、球が速くなっているとか、体が大きくなったりとか、自ら望んで変わってきた選手です。

メジャーリーグと日本のプロ野球の一番の差は何か？

上田　僕の完全な素人考えですが、メジャーリーガーと日本のプロ野球選手で一番差を感じるのって、ショートのスナップスローの強さだと思っています。

あんな球を投げられるショートって、日本にはいないよなって。

古田　確かにいないですね。

上田　その差っていうのは、これからは埋まっていきますかね。スナップがすげえ強い選手が出てきたな～とか。

古田　スナップというか、肩の強い選手は出てくるでしょう。たとえばショートは、1試合につき、多くて10回くらい守備機会があります。そうすると1週間で換算すると、守備機会は50から60回くらいになります。そして、プロの世界では、そのうち1回か2回、悪送球をすると、使えない選手というレッテルを貼られてしまうのです。

上田　はい。

古田　日本のプロ野球の世界では、送球エラーは厳禁です。ですから、肩の強いショートの選手は、思い切り投げると悪送球になる場合があるので、だんだんと軽くソロソロ～ッと投げる癖がついてしまいます。一方のメジャーリーガーは、そもそも肩が強いこともありますが、ほとんどの球場が人工芝ではなくて天然芝なので、打球スピードが遅くなる都合上、思い切り送球しないと間に合わないということもあります。それを子どもの頃からやっていますし、しかもメジャーリーガーは数多くいる野球選手の中の選りすぐりです。日本でも肩の強い選手は出てくるとは思いますが、現状メジャーリーガーに負けているのは事実です。

ホームランの飛距離も同じように、メジャーとの差はなかなか埋まらないと思います。大谷選手がいるから、日本人だって負けていないと思うかもしれませんが、彼だけですからね。向こうは飛ばす能力を持つ選手はいくらでもいます。でも、30年後には、差が埋まるかもしれません。

上田　メジャーリーグと日本のプロ野球の一番の差は、球の速さとか飛距離だとか、肩の強さといった、パワーですかね。

古田　はい、そうですね。

なぜ、球団削減&1リーグ制を阻止できたのか?

上田　古田さんは、かなりいろんな野球とか野球以外のことを経験していらっしゃるじゃないですか。大学野球や社会人野球もオリンピックも日本シリーズもそうだし、2004年のプロ野球再編問題では選手会長として、球団との交渉をしたりとか。あのときって、よく野球できましたね。大阪近鉄バファローズとオリックス・ブルーウェーブが合併して1球団減るかもしれないどうのこうので、選手会長として背負っているものがすごく大きいのに、自分の練習もしなきゃいけないという状況じゃないですか。

古田　結論から言うと、できます。僕だからできたという意味ではなくて、僕もよくわかりませんが、人生一回きりだし、やるしかないからやったという話なので。でも、土俵際いっぱいで、これはもう倒れるかもしれないと思ったとしても意外にできました。じつはあの年、僕の打撃成績は上がったんです。

上田　そうでしたっけ、それはすごいですね。

古田　それは、自分の中で、成績を落としてああだこうだ言われるのは嫌だという負けん気が出てきたからなんです。みんなから、選手会長として交渉とかしていたら成績落ちるよねと同情されるのがとても嫌でした。〝絶対意地でも成績上げてやる〟と、ものすごくガリガリ生きてました。

上田　でも、大変は大変だったでしょう。寝る時間削ったり。

古田　そうですね、労働法などを勉強していました。僕は組合のトップだったので、弁護士もついていることもあり、当初は労働法についてしっかり学ぶつもりはありませんでした。そういう中、球団との交渉の席につくと、球団の担当者が〝君はどれだけ知っているんだ？〟みたいに、苛立たせることばかり言ってきます。こちらがわかっていないと舐められっぱなしですから、それからは事前に勉強するようにしていました。たとえば、「その話は労働組合法の何条ですよね」と言って、向こうをビビらせないと交渉になりません。交渉相手となる当時のオーナーは、渡辺恒雄さんと堤（義明）さんと宮内（義彦）さんなど、日本の財界のトップの人たちで、向こうの交渉陣も、そこから指令が来ているわけですから必死です。こっちは一介の野球選手なので、とにかく敵がでかい（笑）。

上田　確かにでかいですね（笑）。

古田　向こうの人たちは、上から古田らを潰せって言われているので、嫌なことしか言いませんから、交渉の体《てい》をなしていません。だからバカにされないように、少なくともその交渉に当たってその人には負けないようにしなくてはいけませんから、簡単には「はい」と言わないようにやっていました。

上田　でも、〝なんで俺が選手会長のときにこんなもめごと起きるの〟って思いませんでしたか。

古田　いや、思いませんでした。もちろん楽しんではいませんが、どの業界もトップに立てば、その業界の代表なので、責任を持ってやらないといけません。よく〝子どもたちのために〟と言いますけど、それって実際にあるんです。今の世代が下手なことをしたら、もしかしたら次の世代で、プロ野球そのものがなくなっていたり、球団数が減ってしまったりと、将来、大問題を引き起こす可能性もあるのです。上にいる人間というのは、社会的責任みたいなものを背負っているので、自分のいる業界の未来も見据えた行動や発言をしないといけないと考えています。

当時でいうと、簡単に球団を減らしてしまったら、野球人気の低下につながる可能性があると感じていました。買い手がいないなら仕方ないかもしれませんが、買い手はいました。それに、各地域には空いている球場が数多くあり、長野県とか宮崎とか仙台とかの地方自治体から、うちに来てくれという話もありました。それにもかかわらず球団を減らそうとする理由が、さっぱりわかりません。近鉄が嫌だと言ったらほかの人に託しましょうよと言っても、向こうは結論ありきで来ていますから、何も聞き入れてくれませんでした。だから最後は、ストライキになってしまいました。

上田　でも、カメラが入っているところで向こうの交渉陣が古田さんに握手を求めてきても、握手できないみたいな応対をされたシーンはかっこよかったです。我々野球ファンとしては、痛快でした。

古田　握手なんかする場面じゃないだろうと、単純に思っていました。

なぜ、選手会はストライキを行ったのか？

上田　ストライキも、人間的な経験としては非常に大きかったんでしょう？

古田　もちろんあれを目指してやっていたわけではないので、成り行き上というとおかしいですが、義はどっちにあるかといえば、僕らのほうにあるだろうと。仮に、球団を減らす動きに対して何の行動も起こさなかったら、野球ファンを失望させるだけです。

当時、8球団とか10球団の1リーグ制という話も出ましたが、盛り上がるわけがありません。プロ野球のチームというのはコンテンツなので、それを減らすということは、そのコンテンツのファンであるお客さんを失うことになるので、よっぽどの理由がないとおかしいです。

僕がよく言っていたたとえ話ですが、ディズニーランドなどでお客さんがいっぱいだからといって、コストのかかるジェットコースターやパレードをなくすと、確かに利益は上がるかもしれませんが、来客数は間違いなく右肩下がりになるはずです。

なぜ、ディズニーランドは成功しているかというと、あんなに毎日満員なのに、1年経ったら演目を変えたり、新しいアトラクションをつくったりするからです。エンターテインメントというのは、そういうことだと思うんです。お客さんに面白いと思ってもらって、リピーターになってもらうには、新たなコンテンツを提供していかないといけません。その主となる球団という大事なコンテンツを減らすというのは、よほどのことがないと決断してはいけません。あのときは、買い手もいたし、残念ながら手を上げたライブドアはダメでしたが、その後、楽天が入ってきてソフトバンクが入ってきました。だから少なくてもそれはやるべきだろうと思いました。

最初の選手会の主張は、近鉄は1年ぐらいかけてファンに説明しろ、ということでした。近鉄ファンからすれば、〝明日からオリックスを応援してください〟と言われても難しいはずです。

やはりこれは折れてはいけないだろうという話で、結果的にストライキをすることになりました。

上田　そのときは一枚岩だったんですか？

古田　各球団の選手会長は一枚岩でしたが、選手会には700人くらい所属していますから、球団から懐柔されている選手もいるので、「俺は聞いてない」と言う選手もいたものの、それは向こうも必死なので仕方がありません。ほかの選手会長たちは、僕よりも気合が入っていました。

僕の考えでは、トップは調整しないといけない役目があると思っているので、自分勝手な判断で進めないで、みんなの意見を聞きながら落としどころを探しつつ交渉しなくてはいけないと思っています。ただ、これじゃ落としどころがないねという話になりました。しかしその後、結局メディアを含めてファンのみなさんに支持していただいて、12球団維持を後押しするような記事がたくさん出るようになったので、次の週、交渉の席についたときは、向こうの態度がガラッと変わっていました。

上田　向こうはどんなことを言ってきたんですか。

古田　新しい球団のことも考えようみたいなことを言っていました。

ベストな球団数はいくつか？

上田　今、日本には何球団がベストだと思われますか。

古田　今の日本はあまり元気がないので簡単には言えませんが、16球団はほしいです。

上田　四国に1つとか、新潟あたりとか。

古田　静岡にあってもいいでしょうね。日本はアメリカほど大きくないですが、野球を応援してくださる人口は多いので、チャンスはあるのではないでしょうか。野球というのは、サッカーと同様に、あの地域、土地には負けたくないというライバル意識が生まれやすいので、エンタメ性があるスポーツです。現在、九州を本拠地にする球団はソフトバンクだけですが、それこそ熊本について、〝九州は福岡だけじゃねえぞ〟と、熊本が熱くなれば盛り上がるのではないでしょうか。九州の野球ファンは二分されますが、エンターテインメントとはそういうものです。

上田　地域の活性化にもつながりますしね。

古田　そうですね。ふるさとに対する思いってありますからね。野球にかぎった話ではないですが、現場を盛り上げるのはプロスポーツの使命なので、地方により多く球団ができるのが理想的です。16ならきれいに分けられますし、移動費も抑えることができます。今のパ・リーグの球団は、北は北海道から南は福岡までありますから、移動費だけでもかなりかかってしまうので、たとえば東と西で2つに分ければ、移動費も抑えることができます。

プロ野球の歴史は、90年くらいですけど、これまでも元気のある企業が球団を持っていただけなので、IT企業が球団を持ってもおかしくないし、今は認められていない外国資本の企業についても含めて議論してもよいと思います。

昔は、阪急や南海、近鉄、阪神などの鉄道会社が球団を持つことで名前を広めて、鉄道沿いの土地を開発して販売し、その地域を盛り上げてきましたが、そもそも関西だけで4球団もあったほうがかなり異常だったと言えます。だから、2004年に近鉄が売却を決めたのも、これ以上ファンが広がる見込みもないしメリットもないという判断を下したからです。もちろん撤退するのはかまわないので、その代わり、元気のあるIT企業や、球団経営をしたいところに新たに参入してもらえるような流れをつくることができればと思います。ただ、今のご時世、どれだけの企業が手を挙げてくれるかはわかりませんが……。

上田　そうですね、今の景気を考えると難しいかもしれませんね。

古田　誰かが「四国に球団つくらせてくださいよ」とか言ってくれたら、四国も盛り上がるはずです。

勝率5割以下のチームはCSに出場する資格はない？

上田　今、1リーグ6球団っていうチーム数の関係もあるのかもわかりませんが、前から疑問だったのが、勝率が5割を切ったチームがクライマックスシリーズ（CS）に出ることです。もちろん、背景に興行面があることはわかっているんですけど、勝率5割以下のチームが、仮に勝ち上がって日本一になったとして、誰が納得するの？　って思います。勝率が5割切ってるのに。

古田　僕も同じ意見で、5割切ったチームは出さないでいいのではないでしょうか。

上田　今まで5割を切ったチームが出ていても、クライマックスシリーズで負けているから、それほど大きな問題にはなってないですけどね。

古田　だから、上位チームにはアドバンテージという形で一勝がつくといったさじ加減で納得してもらおうとしているんでしょう。でも、こういう議論をしてもらう時点で、すでに価値があります。結局、野球というのは、みんなが監督になって会社帰りにお酒を飲みながらああだこうだ話してもらう、〝居酒屋トーク〟をしてもらってなんぼなんです。

そういう意味でいうと、クライマックスシリーズも多くの人に話題にしてもらって、勝率5割を切ったチームは出場できない、みたいな声が強くなれば、変化していくはずです。ただ、現実のことをいうと今の形でも盛り上がります。

上田　確かに面白いですよ。

古田　みんなが必死でプレーするようになることもあるし、お客さんも喜びます。3位までに入ればいいから3位対5位の戦いとかですら、球場がお客さんでいっぱいになったりします。だからお客さんが最終的に喜んでいるのであれば、失敗ではないのかなという思いもあります。ただ、勝率が5割を切っているのは、議論の余地はあります。去年（2022年）のメジャーリーグのワールドシリーズで、フィラデルフィア・フィリーズのレギュラーシーズンの成績は、2位と14ゲーム差の3位とだいぶ下です。

上田　クライマックスシリーズのファイナルも、1位と2位が戦うとして、レギュラーシーズンで1位と2位のゲーム差が10以上だったら、アドバンテージを2勝にしてもいいんじゃないかと思います。

古田　議論の余地はあります。でも、その考えは日本人らしくて、アメリカのプレーオフの場合、アドバンテージはありません。

上田　メジャーリーグは球団数が多いから、ワイルドカードゲームで出てきているチームもある程度成績を残しているとかあるじゃないですか。

古田　でも、NBAだってベスト16から始まります。メジャーリーグは、プレーオフに出場できるのは12チーム、NFLがベスト12です。

上田　NFLは試合数が少ないですからね。17試合くらいですし。

古田　だから、今の上田さんの意見で議論の余地はあるわけです。これでシーズン5割を切ったチームが優勝したらおかしいよねという議論が高まって、ルールが変わるかもしれません。

上田　なんとなく毎年うやむやになっていますものね。

古田　今年のメジャーリーグのプレーオフもルールが変わって、プレーオフに出られるチームが増えました。2021年まではワイルドカードゲームをやっていましたが、それがなくなって、プレーオフの試合数が増えました。きっとそのほうが盛り上がるということなのでしょう。

上田　クライマックスシリーズ自体はあったほうが、なんとかAクラスに入ろうっていう4位や5位の戦いにも注目が集まります。

スポーツはローカルコンテンツでいい

上田　今は、全12球団の半分の6チームがクライマックスシリーズに出場できてしまうので、やはりもう少し増やしたほうがいいでしょうね。

古田　先ほども話しましたが、せめて各リーグ8球団くらいあればいいですよね。

でも現実的なことをいうと、興行はうまくいっているようです。

上田　クライマックスシリーズの試合数を減らそうって感じにはならないかもしれませんね。

古田　逆に盛り上がっていますし、観客数も増えているみたいですしね。コロナ禍前の話ですが、チケットが取れないという話もありましたし、コロナが徐々に落ち着いた昨年（2022年）もけっこう多かったです。

上田　コロナでどこにも行けなかったっていう反動もあるんですかね。

古田　でも、コロナ禍前もすごかったですよ。たとえば、神宮球場での広島戦は、カープ女子でスタンドが真っ赤っ赤で超満員でした。あと、横浜が大人気で、神宮球場での試合に、横浜ファンが入れないこともありました。神宮球場でのヤクルト戦で一番観客が少ないのが中日戦で、その次が巨人戦ですね。

上田　えー、そうですか。なんでですかね。

古田　そこそこ入っているんですが、阪神や横浜、広島との試合のときが入りすぎているんですよ。でも今は、ヤクルトファンが増えましたね。強くなったのが影響していると思います。今年、コロナによる制限がなくなったら観客数がどう変わるかですね。コロナ禍前、横浜スタジアムはプラチナチケットで、なかなか入れませんでした。だから横浜がものすごくお金をかけてスタンドを増設したんですが、コロナの影響で、資金回収に苦労しているそうです。

上田　楽天（東北楽天ゴールデンイーグルス）もそうですし、日本ハムが札幌に行ったりして、正解ですよね。地域に根ざしてね。

古田　地域密着でそこの町を盛り上げるのは、まさにそれが仕事、使命です。野球というエンタメがなかった地域に根ざすことで、おらがチームというか応援するチームができて一緒に盛り上がるというのは、美しいですよね。

上田　先ほどの話では、各リーグ8球団ということでしたが、たとえばもっと増やすのはどうですかね。九州も四国もそれぞれ3チームずつつくったり。そうするとレベルが低下してしまいますか。

古田　いや、はっきり言って低下しないです。真剣勝負の場が増えれば、若い選手はどんどんうまくなっていきます。今、日本にはNPB以外にも独立リーグというプロのリーグがあります。四国アイランドリーグplusとか九州アジアリーグ、関西独立リーグなど、全国に7リーグあり、そこに在籍している選手も当然プロ野球選手です。ただ、現状の独立リーグは、そこに所属している選手がNPBを目指すための受け皿のような存在になっているので、できればホームとしている町を盛り上げるための存在になってほしいと思っています。

上田　現実的じゃないかもしれないですし、15年くらい前にチラッと思いついただけなんですけど、日本のプロ野球の一流選手がみんなメジャーに行ってしまうなら、いっそのこと東京と大阪に2チームをつくって、メジャーリーグに参加すると。そうすると、日本のドリームチームが東西に1チームずつできて、意外とメジャーリーグの優勝争いにも加わることができて面白いのかなぁなんて思ったんですが。

古田　それは面白くないです。日本の野球でプロ野球の次に人気があるのは高校野球です。高校野球が人気な理由は、都道府県対抗だからです。故郷に対する思い入れがあったり、そのエリアの代表が戦う面白みがあります。

アメリカの野球は、実はそんなに人気がなく、ＮＦＬが一番人気でその次がカレッジバスケットなんです。その人気たるやものすごくて、すごいスポンサーがついています。

その次はＮＢＡですが、これもみんなの地元意識が背景にありました。ですから僕は、スポーツはローカルコンテンツでいいと思っています。

上田　そうなると、本当にセ・リーグ15球団、パ・リーグ15球団の計30球団くらいあってもいいかもしれないですね。

古田　そうですね。それを実現させるには、ＰＲがどれだけできるかが課題になります。僕が小さい頃、メジャーリーグ球団のクリーブランド・インディアンス（現在はクリーブランド・ガーディアンズ）という強いチームがありました。本拠地のクリーブランドは、田舎にあってしかも寒くて、ほとんど娯楽のない町なのですが、試合のチケットを発売したら１年間分がすぐ完売したそうです。誰が観戦するかといったら、地元のおじいちゃんやおばあちゃんたちで、娯楽がないから毎試合、子どもや孫を連れて見に来たそうです。まさにローカルコンテンツです。そうやって地元ですごく愛されるような存在になっていくのが、健全な流れです。

サッカーでも、たとえばロンドンには、５つのチームがちゃんと棲み分けて、あいつらだけには負けないぞといって戦っているわけです。そういう地元意識を持ちつつ、ほどほどにヒートアップして楽しむのがいいのかもしれません。

野球人口を増やすためには、どうすればいいか？

上田　うちの息子が野球をやっているんですが、去年の12月に小学６年生の区切りで引退したのですけど、同学年が４人しかいませんでした。で、今年の６年生も少ないから、１チームつくれないそうなんです。だから、ほかのチームと合同でチームをつくって区のリーグに参加しようかなっていう状態なんですよね。自分の近辺の話だけで言うのはあれですけど、野球人口が減ってるなーって思います。自分が小さい頃の遊びって、まずは野球で、そうじゃなかったらサッカーくらいだったんです。今は、昔と比べてスポーツ含めて遊びの選択肢が増えているということもありますけど、野球人口はやっぱり減ってますよね？

古田　そうですね、減っていると思います。

上田　今後、野球を普及させるためにはどうすべきだと思われますか？

古田　僕の考えでは、アメリカのように、町ぐるみで子どもを育てるようにしていかないと、日本はどっちにしてもダメだと思います。今の日本は、少子高齢化が進んで東京だけ人口が増えているような状況ですが、地方を子育てしやすい環境にするなどして、アンバランスな人口分布を改善したほうがいいと思います。

日本のスポーツは、部活という学校単位で行われていることが多いので、それを町単位で行うようにして、どんなスポーツでもいつでも誰でも参加できるような仕組みにすれば、地方の人口減少を止めることができると考えています。

上田　学校単位だと、野球をしたこともない先生が野球部の顧問を務めるなんてこともありますよね。

古田　ある中学校の野球部の子に、「古田さんのユーチューブを見て野球の勉強しています」と言われたことがありました。やはり、うまくなってこそのスポーツなので、うまくなれる環境でなかったら、どうしても離れていってしまいます。今は、それに加えて娯楽もたくさんあるので、なおさら環境の整備は大切になってくるはずです。

町単位でやりたいスポーツができるようになると、その土地に対する郷土愛も育ちます。そうなれば、一度は大都市に出た人も地元へ戻って、たとえばプロ野球選手が地元に帰って子どもたちに野球を教えたりといったことも期待できるでしょう。どこかの自治体の首長さんがやってくれればいいと思います。

じつは、この町単位で行う話、20年前くらいから言っています。

上田　古田さんがやっちゃいましょうよ。

古田　そうですね、いっそどこかの知事選にでも出馬しようかな（笑）。

日本のプロ野球の未来は明るい

上田　古田さんには、日本のプロ野球の明るい未来は見えていますか？

古田　僕は、意外に未来は明るいと思っています。昔の日本のプロ野球界は、いわば鎖国状態でした。外の情報も入れない、選手を外に出さないように契約で縛ってフリーエージェントなんてとんでもないという考えがNPBの経営でした。

でも、そのままではさすがに保てなくなりました。ほかにも我々の選手の権利といった問題もありますが、結果的には日本人の選手がメジャーリーグに行ってくれたおかげで、メジャーリーグをテレビで中継することができるようになりました。そもそも、インターネットの普及などでグローバルな情報をシャットアウトすることはできませんので、メジャーに行きたい選手がいたらがんばって挑戦してほしいです。その心持ちをファンは喜びます。日本ハムがあれだけ人気球団になったのは、ダルビッシュや大谷君がメジャーに行くことになったとき、〝今まで札幌でプレーしてくれてありがとう、アメリカに行ってもがんばってこい〟という思いで、送り出したからだと思います。

大谷君がメジャーリーグで活躍してくれたおかげでメジャーリーグを目指す子どもも増えるのです。イチローもそうです。体が小さいのにメジャーリーグで活躍する姿を見ることで多くの日本人が力をもらって、あんな選手になりたいなと思ったわけです。1990年代は、海外に選手を行かせないようにしていたので、当時から見た未来は暗かったはずです。

今は、メジャーのスーパースターがたまに日本球界に来るなどして交流もできるようになりました。メジャーリーグで活躍できなかった日本人選手もいますけど、日本に帰ってきたら、こっちで日本のプロ野球のためにがんばってもらいたいです。新庄（剛志）君は、海外で活躍しなかったわけではありませんが、〝来年から日本でやります、これからの時代はパ・リーグです〟と言って、本当にパ・リーグの日本ハムで活躍して、今は監督をやっています。彼は福岡出身なので、全然関係のない土地でがんばっているわけですけど……。彼みたいなスーパースターが出てきて、予測のつかない驚くようなことでプロ野球を明るくしてくれるでしょう。

カバーデザイン　金井久幸　川添和香（TwoThree）
撮影（カバー、対談）笹井タカマサ
スタイリング　設楽宗秀　中原正登　真野菖
ヘアメイク　佐々木累美子（M）
企画・編集協力　古村龍也（Cre-Sea）
衣装協力　スティレ ラティーノ

古田敦也

ふるた・あつや

1965年8月6日兵庫県生まれ。兵庫県立川西明峰高校卒業後、立命館大学経営学部に入学。88年トヨタ自動車に入社。ソウルオリンピックで銀メダル獲得。90年ヤクルトスワローズに入団し、一年目から正捕手を任される。野村克也監督の薫陶を受け、プロ野球を代表する捕手となる。91年セ・リーグ首位打者、93年/97年セ・リーグMVP、ベストナイン、ゴールデングラブ賞など多数受賞。06年選手兼任監督となる。07年現役引退。15年野球殿堂においてプレーヤー表彰に選出。

くりぃむしちゅー　上田晋也

うえだ・しんや

1970年5月7日熊本県生まれ。ナチュラルエイト所属。お笑いコンビ・くりぃむしちゅーの突っ込みを担当。バラエティ番組にとどまらず、クイズ番組やスポーツ番組など、数多くの番組で切れ味鋭い突っ込みを入れながら活躍中。趣味は、読書、美術鑑賞、映画鑑賞、スポーツ観戦など。著書に『経験　この10年くらいのこと』『激変　めまぐるしく動いた30代のこと』（小社刊）がある。

ポプラ新書
237
Q上田 A古田
プロ野球で活躍する逸材とは？
2023年3月6日 第1刷発行

著者
古田敦也＋上田晋也
発行者
千葉 均
編集
櫻岡美佳
発行所
株式会社 ポプラ社
〒102-8519 東京都千代田区麹町 4-2-6
一般書ホームページ www.webasta.jp
ブックデザイン
鈴木成一デザイン室
印刷・製本
図書印刷株式会社

N.D.C.783/286P/18cm ISBN978-4-591-17740-2

P8201237

生きるとは共に未来を語ること　共に希望を語ること

昭和二十二年、ポプラ社は、戦後の荒廃した東京の焼け跡を目のあたりにし、次の世代の日本を創るべき子どもたちが、ポプラ（白楊）の樹のように、まっすぐにすくすくと成長することを願って、児童図書専門出版社として創業いたしました。

創業以来、すでに六十六年の歳月が経ち、何人たりとも予測できない不透明な世界が出現してしまいました。

この未曾有の混迷と閉塞感におおいつくされた日本の現状を鑑みるにつけ、私どもは出版人としていかなる国家像、いかなる日本人像、そしてグローバル化しボーダレス化した世界的状況の裡で、いかなる人類像を創造しなければならないかという、大命題に応えるべく、強靭な志をもち、共に未来を語り共に希望を語りあえる状況を創ることこそ、私どもに課せられた最大の使命だと考えます。

ポプラ社は創業の原点にもどり、人々がすこやかにすくすくと、生きる喜びを感じられる世界を実現させることに希いと祈りをこめて、ここにポプラ新書を創刊するものです。

未来への挑戦！

平成二十五年　九月吉日　　株式会社ポプラ社